PRINCIPIOS DEL SER CONSCIENTE

Principios extraordinarios para expandir la conciencia

Silvio Santone

Santone, Silvio Adrián
    Principios del Ser consciente : principios extraordinarios para expandir la conciencia / Silvio Adrián Santone. - 1a ed mejorada. - Berazategui : Silvio Adrián Santone, 2020.
    180 p. ; 22 x 15 cm.

    ISBN 978-987-86-6039-4

    1. Crecimiento Espiritual. 2. Espiritualidad. 3. Crecimiento Personal. I. Título.
    CDD 158.1

1ª Edición oficial, 4 de Noviembre de 2019.
2ª Edición oficial, 5 de Septiembre de 2020.
Título original del libro en español: "Principios del Ser Consciente".
Titulo original del libro en Ingles: "Values of a Conscious Being".

ISBN Libro Impreso: 978-987-86-6039-4
ISBN Libro Electrónico: 978-987-86-6039-4

BioNeuroCoaching® Terapia Integral de Vida y Sesiones de **Decodificación Emocional®**
Página Web: www.SilvioSantone.com
E-Mail: info@SilvioSantone.com

Instagram: SilvioSantone
Facebook: @SilvioSantoneOficial
YouTube: Silvio Santone
Twitter: @SilvioSantone
Linkedin: Silvio Santone

Fundador & CEO de ADN Empresarial Consulting
Reinvención y crecimiento transformando empresas desde adentro hacia afuera. Consultoría & Training Empresarial. **BioNeuroAssessment®** Estudio integral del ADN Empresarial y su impacto en los procesos de la Compañía. **BioNeuroManagement®** Coaching Ejecutivo para Directores, Lideres y Equipos de Trabajo.

Página Web: www.ADNEmpresarial.biz/index/
E-Mail: info@ADNEmpresarial.biz

Diseño gráfico de estructura de portada: Carlos Moreno Ortega (www.SuperMarketing.es)

Amigo lector

Que este libro sume luz a tu vida, aporte discernimiento y ayude a expandir tu conciencia. Que agregue valor en el camino que has decidido emprender hacia tu propósito, y que lo haga en paz, armonía y sincronicidad con el Universo.

Este libro es tan solo un instrumento que has elegido para transitar esta vida en el aquí y ahora. Sin tu presencia plena, este libro no es nada.

¿Qué significado tiene este libro? El que tú quieras darle. Agradece a tu alma haberte llevado hacia él. Trasciende y mejora los conceptos que en él comparto para ti. Deja tu legado para el bien de todos. Somos uno.

¡Te abrazo en Luz, Amor y con el Alma!
Gracias, gracias, gracias.
Así es, hecho está.

Silvio Santone
www.SilvioSantone.com

Índice

Dedicado...

A Martiniano, quién en esta vida me ha vuelto a honrar con el rol de padre, y con su sonrisa hace que cada día mis ojos brillen.
A las almas compañeras de varias vidas, con quienes, desde el amor, nos hemos ayudado mutuamente para transitar este camino de sanación y crecimiento.
A mis familiares y ancestros, amigos y seres queridos, mentores, compañeros y todos aquellos con los que he compartido momentos importantes.
A todos los seres en los que he reflejado mis "opuestos" a partir de mis proyecciones mentales, programas y creencias que necesitaban ser transformadas. Mis más sinceras disculpas, por el dolor que pude ocasionar, y un eterno gracias por las lecciones aprendidas.

A todos aquellos que asumen la vida desde la conciencia, y hacen cada día que el mundo sea un poco mejor.

A Dios, mis Maestros Ascendidos, Ángeles, Guías y Yo Superior, quienes son incondicionales y siempre me acompañan.

A todos los libros de mi biblioteca, los cuales son mi mayor bien material y mejor inversión.

Todos han sido maestros que han ayudado en mi proceso de evolución conciencial.

Eternamente gracias.

Introducción

Cuando nacemos estamos en un estado de conciencia muy elevado, muy cercano a la luz que en esencia somos; propio de un Ser puro que todavía no ha adquirido creencias limitantes de su transgeneracional, ni ha reconocido miedos o limitaciones de vidas pasadas que residen en el inconsciente.

Luego, a medida que crecemos, tal estado conciencial empieza a cubrirse de capas superficiales, siendo el ego la primera de ellas —el ego es provocado por la primera sensación de soledad y separación que percibe el alma al encarnar en este plano denso y tener que olvidarlo casi todo— junto a los miedos y creencias inconscientes transgeneracionales. Así, de esta manera, el estado conciencial del Ser puro empieza a decaer para, en algunos casos, emparejarse con el estado conciencial del entorno.

Cuando el estado de conciencia logrado en otras vidas fue más alto al que tenemos en determinado momento de esta vida, entonces aparece una fuerza similar a un hilo dorado de luz que nos jala hacia arriba y no permite que sigamos descendiendo más allá de determinado estado conciencial. Este hilo lo traemos todos, y cada uno a su manera y con sus tiempos lo descubrirá.

El descenso tiene un límite preestablecido y el hilo dorado de luz no permite que lo superemos. El límite más bajo permitido para esta vida es un determinado piso conciencial que nos hemos ganado con las buenas semillas plantadas durante el transitar de otras vidas pasadas —especialmente en las últimas—. Ese piso es lo que se conoce como: el despertar de esta vida. Y el hilo dorado de luz se tensa entre ese piso y el mayor estado conciencial al cual estamos destinados a alcanzar en esta vida física —totalmente relacionado a nuestro propósito de vida—. De hecho, esa tensión provocada por los extremos nos impulsa a ascender hacia el mayor estado conciencial posible habiendo tocado nuestro piso en esta vida.

Entonces la tendencia de la vida nos llevará hacia ese estado —así fue concebido en el plan prenatal—, y el desafío es alcanzarlo a partir del autoconocimiento y la sanación de las heridas emocionales inconscientes para expandir nuestro Ser. Pero, en ese camino de sanación y crecimiento tenemos altibajos necesarios para seguir avanzando. Veámoslo representado en la siguiente imagen:

Cada onda tiene que ver con los ciclos, o espirales, evolutivos que expliqué en el libro *"El Factor Conciencia"*. Cada ciclo toma lo mejor del anterior como base y, a su vez, es un nuevo despertar más evolucionado. Todo nuevo ciclo tiene un periodo de confusión hasta que nos acomodamos, focalizamos y avanzamos.

A su vez, todo trabajo interior se potencia cuando se encuentra en un contexto que lo favorece, por ello es tan importante darle un marco adecuado. Aquel Ser, devoto de su propósito de vida y su avance conciencial, que lo quiera desarrollar con total convicción debe nutrirse de instrumentos y herramientas elevadas que lo lleven hacia su verdadero potencial en esta vida. ¿Como se hace? De eso mismo tratará cada principio de este libro.

De una manera simple, integral, trascendental, consciente y que suma valor a lo existente, este libro fue concebido para que cada día puedas internalizar un principio que potencie tu proceso conciencial, y te brinde otra perspectiva cuando se presenten las dificultades de la vida cotidiana. Estos principios recibidos de grandes maestros, y también canalizados por gracia divina, fueron de gran ayuda para mí, y seguramente lo sean para ti, y tus seres queridos.

Ten en cuenta que todo en nuestra vida es una incesante decisión, y que finalmente todo se resume en la única y verdadera decisión trascendental que deberás tomar en tu vida: ¿Vivir, o no vivir, en la conciencia?

¡Un abrazo desde el Alma! ¡Sé feliz, haz el bien y vive con conciencia!

Silvio Santone
www.SilvioSantone.com

¡Bienvenido!

¡Hola! 🧙☀️✴️✨🕉️

Antes que nada, quiero darte la bienvenida y las gracias por haber destinado parte de tu valioso tiempo y recursos para adquirir este material.

A lo largo de varios años de estudio, investigación y vivencias experimentadas, ha llamado mi atención entender como la conciencia podría ser aplicada en cada uno de los aspectos de mi Ser, y así potenciar todas sus capacidades. Sin saberlo, estaba adentrándome hacia el autoconocimiento e iniciando un camino de autorrealización personal. Ambas siguen siendo un trabajo diario, pero, desde hace un tiempo, con un propósito y horizonte bien establecido. No fue un camino fácil, pero ha valido la pena cada momento, ya sea bueno como doloroso, para entender que todo forma parte del camino que he venido a emprender en esta vida.

Antes de seguir hacia la parte más rica del libro, quiero contarte un poco sobre mí. Creo que es bueno que sepas quien está del otro lado para que podamos transitar juntos este camino. Como verás a lo largo del libro, me gusta iniciar cada capítulo con una historia o un cuento que introduzca al lector en el nuevo tema a tratar. En esta sección iniciaré con mi historia personal, y la historia que dio origen a esta serie de libros.

Soy un Ser apasionado de la vida, sus bondades y enseñanzas. Disfrazado de padre, compañero, hijo, amigo, ciudadano, autor, conferenciante, consultor empresarial y otros tantos roles que iras conociendo en los próximos párrafos.

En esta encarnación nací un 27 de marzo del año 1974, en la ciudad de Berazategui, provincia de Buenos Aires, Argentina. Desde pequeño comencé a trabajar en el negocio familiar, un comercio dedicado a la venta de materiales para la construcción —negocio que inicio mi padre siendo adolescente—. Él siempre fue muy trabajador, responsable y lleno de energía. Contagiaba con el ejemplo. Después, siendo adulto logré entenderlo. Le estoy eternamente agradecido por toda su enseñanza.

El negocio era familiar y, por la tarde, también trabajaba mi madre. Por la mañana se ocupaba de la gran labor de la casa. Ella procedía de una familia dedicada, por generaciones, a cultivar la tierra sembrando hortalizas y vegetales para luego comercializarlos en los mercados de la zona —ambas familias eran inmigrantes italianos—. Con los años, y después de muchas peleas, aprendí como se puede expresar amor desde distintos ámbitos —por ejemplo, desde cocinar una rica comida, hasta hacer que en la casa no falte nada para que sus hijos estén bien—. Hay múltiples formas de expresar el amor y todas son válidas. Así que también estoy eternamente agradecido a ella por darme la vida y cuidarme.

En el negocio familiar también trabajaba mi hermano. Ambos hermanos estudiamos y trabajamos desde pequeños. Él nació el mismo día de mi nacimiento, pero dos años después. Él, por ser menor, tuvo que padecer mis travesuras, molestias y engaños. Recuerdo que juntos compartíamos todos los cumpleaños y, por supuesto, los invitados traían dos regalos. En los casos que no le ponían el nombre al regalo —y por ser el hermano mayor—, tenía la posibilidad de aventajarlo y elegir primero el regalo, entonces aquel que no me gustaba se lo daba a él. Esto duro poco tiempo porque a partir de los 6 o 7 años lo entendió y, con toda razón, empezó a defender sus derechos. También siendo adulto lo empecé a valorar, y me complace ver la persona en que se ha convertido, y la hermosa familia que ha formado. Agradezco que seamos hermanos.

En los primeros años, también trabajaron mis abuelos y tíos paternos. Años después mi padre se independizo y siguió con nuestra familia. Allí cumplí muchas tareas. Una de las que más me fascinaba era la logística y manejar los vehículos —tractor con pala y los camiones—. Desde los diez años, y a medida que llegaba a los pedales, iba practicando con cada vehículo que allí estuviese disponible —nunca olvidaré la cara de mi abuela Margarita cuando derribé una hilera de chapas de fibrocemento, que luego tuvimos que vender a un menor precio por estar marcadas—. Pertenezco a una familia donde mi abuelo paterno fue camionero por cuatro décadas, y del lado materno también había vehículos para trabajar la tierra. Manejar camiones y tractores era muy común, se respiraba eso todo el tiempo.

Entonces, me encargaba de la logística. Organizaba y preparaba los camiones para que el chofer entregará el material a los clientes. Ya de pequeño disfrutaba hacer, tomar acción. A medida que crecí tomaba otras funciones y mayores responsabilidades, por ejemplo, atender a los proveedores, atender a los clientes —así aprendí a perder la timidez e interactuar con otras personas y, en muchos casos, ayudarlos con algún consejo—. A partir de los 17 años, con mi primer registro de conducir, empecé a realizar la entrega de los materiales, y entrar a las casas de cientos de clientes, donde vi muchas realidades diferentes a la mía.

También aprendí sobre comercio, finanzas y economía. Tuvimos que sobrevivir a hiperinflaciones y recesiones económicas tremendas, que casi nos llevan a la quiebra en varias oportunidades y, sobre todo, nos generaban un gran malestar familiar. Muy importante, fue aprender a lidiar con imprevistos y actuar rápidamente, entre otras tantas situaciones cotidianas. Muchas vivencias, que realmente siendo adulto pude comprender y asimilar, a partir de trabajos de introspección y meditación.

Estas mismas herramientas, me permitieron reconocer dones y talentos que disfrutaba desde pequeño, me refiero a la vocación de servicio, el diseño de soluciones y la optimización de los procesos —años después e inconscientemente, sin saberlo mi carrera profesional se basaría en esto mismo—. Por ejemplo, lo hacía a través de la logística de los camiones y el armado de los envíos a los clientes. Me encantaba hacer que todo cerrara a la perfección, y que el cliente recibiera en tiempo y forma su mercadería. A su vez, que el chofer del camión —ya fuera mi padre, mi hermano, un empleado o yo mismo— hiciera el recorrido óptimo, porque algo mal hecho implicaba pérdida de tiempo, más consumo de combustible, y desorganización del resto de los pedidos que esperaban ser enviados. Así que el negocio familiar, y así lo entendí siendo adulto, fue para mí una gran escuela de aprendizaje y acción. No puedo estar más que agradecido a todas esas vivencias que, en muchos casos fueron duras, pero que sirvieron para formar mi persona. Por eso, siempre recomiendo a los más jóvenes que en su formación consideren alguna labor de logística, porque produce una apertura mental invaluable para afrontar desafíos complejos que se presentan en la vida.

Mis padres siempre nos incentivaron a estudiar para que no vivamos lo que ellos vivieron. Mi padre, a pesar de ser muy inteligente y vivaz por aprender, no termino el nivel secundario porque debió empezar a trabajar. En el caso de mi madre, ni siquiera tuvo la oportunidad de empezarlo. También siendo adulto entendí lo que ellos vivieron y sus reiteradas insistencias para que estudiemos y no sigamos con el negocio familiar. Una parte de mi tenía ganas de seguir y llevarlo a una escala mayor para que trascienda lo familiar, pero otra parte escuchaba el consejo de ellos, y me decidí por este último. Así que llego el momento de elegir una carrera universitaria. Me invadía la culpa de haberle prometido a mi tan querida abuela Margarita que sería médico para cuidarla cuando ella sea viejita, pero su alma decidió partir cuando yo tenía 13 años, así que esa promesa ya no la sentía cumplir.

Eran los inicios de los 90's y empezaba con todo furor la era de la informática, así que con un grupo de amigos del colegio secundario nos inscribimos en esa floreciente carrera universitaria. El primer año fue muy duro y fui el único que sobrevivió del grupo de amigos. Así que mientras seguía trabajando en el negocio familiar empezaba a involucrarme, y apreciar cada vez más una carrera universitaria que no comprendía del todo, hasta que empecé a trabajar en empresas de las más grandes del país.

Una empresa cerealera me dio la oportunidad de ingresar como pasante, y allí estuve cerca de diez años. Ese fue un mundo totalmente nuevo, donde tuve que correr a un costado la mentalidad del negocio familiar, para integrarme de la mejor manera a un ámbito mucho más competitivo, profesional y metodológico. Me fui haciendo al andar, sinceramente había situaciones en el accionar de las personas que no comprendía, jefes buenos —otros no tan buenos—, reuniones largas —muchas aburridas—, tener un sueldo el primer día de cada mes, empezar a planificar a largo plazo, liderar equipos, manejar presupuestos, seguir normas, optimización de procesos y eficiencia de los sistemas, foco en la orientación a servicio para los usuarios de los sistemas informáticos, entre tantas otras funciones. Todas experiencias buenas que, también, pude comprender siendo adulto y que gradualmente comenzaba a asociar con mi formación anterior.

Durante los primeros años fui bendecido al tener un gran ser humano como jefe —a quien siempre llevare en el corazón—. Él, ante mi primer descontento con la compañía, me ofreció una nueva función. Desarrollar el área de Data Warehouse, y que más adelante seria conocida como el Área de Inteligencia de Negocios —en el rubro informático también conocida con las siglas BI, de Business Intelligence en inglés—. Esto marcó un nuevo rumbo en mi profesión y, por primera vez, la empecé a apreciar.

Ahora, me encontraba desarrollando tableros gráficos de comandos, y preparando información para la toma de decisiones del presidente de la compañía, los directores, gerentes y todo tipo de jefatura. Aprendí a trabajar con mucha presión y entender cómo piensan estas personas que tienen en sus manos la dirección de una compañía multinacional. Cómo y por qué tomaban las decisiones que tomaban. Participaba de reuniones donde se definían cuestiones muy importantes de la compañía y eso tenía que verse reflejado en los sistemas informáticos que tenía a cargo. Trabajé tanto tiempo con herramientas predictivas y asociativas de información que mi cerebro empezaba a asociar de la misma manera las partes ante un problema o situación que se me presentase —por cierto, toda la asociación de temas que hago en mis libros tiene su raíz en este aprendizaje que te acabo de contar—.

Siempre admire a aquellas personas, que siendo adolescentes definían con total convicción la profesión que querían desarrollar siendo adultos. En mi caso, sinceramente, no lo supe hasta los 33 años aproximadamente. Para todo eso ya tenía una profesión que si bien me gustaba no amaba, sentía cierta disconformidad, y era menos tolerante a ser liderado por jefes con valores y principios, totalmente distintos a los míos. Así que cuando ocurrió un episodio que contaré más adelante —y esto no sucede por casualidad o mala suerte—, fue un nuevo despertar en mí. Fue una inyección de vitalidad que me impulso hacia un nuevo propósito profesional, donde podría desempeñarme más a gusto con mi Ser, a través de mis dones y talentos que empezaba a descubrir.

Esto provocó que mientras avanzaba con mi vida, me encontré con mi Ser en total disconformidad. Una gran crisis existencial que puso en duda todo lo que había hecho hasta ese momento —profesión, pareja, familia, amigos, finanzas, salud, religión, todo—.

La transición desde ese momento, hasta el inicio de la escritura de esta serie de libros, llevó diez años. En medio, el proceso fue muy intenso:

- Por varios años realicé un proceso personal de autoconocimiento para saber quién era y asi dar con el primer vislumbre de mi propósito de vida, el cual me guía en cada paso de mi proceso de sanación y crecimiento personal. Para ello, practiqué diversas terapias para entender quién era y así conocerme: trabajos de introspección, regresión a vidas pasadas, constelaciones familiares, apertura de registros akáshicos, ayahuasca, reprogramación cuántica, conexiones multidimensionales con almas guías, ángeles y mi yo superior, decodificación emocional y árbol transgeneracional, retiros y lecturas sagradas de grandes maestros, entre tantas otras.
- Definí valores y principios de vida con los cuales mi alma se siente plena y potencian mi transitar, y la misión que se manifiesta a través de mí.
- Replanteé y redefiní mis relaciones: pareja, familiares, socios y amigos. Lo hice desde otro lugar, en el cual ambas partes nos pudiésemos empoderar. Con aquellas que estuvieron de acuerdo mantengo una próspera relación. Con el resto, preferí respetar sus procesos personales, agradecer lo vivido y desearles lo mejor para sus vidas cerrando ciclos desde el amor, mientras sigo mi camino.
- Tomé las riendas de mi salud modificando mi alimentación, meditando, haciendo el profesorado de Hatha Yoga y equilibrando mi actividad física. De esta manera transforme la realidad parcial que me ofrecía la medicina tradicional al tener que estar medicado de por vida.
- Me inicie en la ciencia de la meditación de Kriya Yoga[1].
- Pasé de no leer libros a leer más de treinta libros al año.

---

[1] https://www.kriya.org/

- Me capacité con grandes maestros y especialistas internacionales de distintos temas que me interesaban, tanto desde lo profesional, financiero, negocios y emprendedurismo como en el ámbito del desarrollo personal, la salud, las relaciones y en lo espiritual.

- También como terapeuta holístico y transpersonal integrando las formaciones de: Postgrado en BioNeuroEmoción[2], Master Coach de Vida, Organizacional y Liderazgo Ejecutivo[3], Mentor Coach en Eneagrama Sistémico y Profesional[4], Neurociencias & PNL, Constelaciones Organizacionales y Sistémicas, Psicogenealogía, Decodificación Emocional y Ambiental, Reprogramación Cuántica, Feng Shui[5], Radiestesia y Geobiología, Técnicas de Canalización y Simbología Sagrada, Metafísica y Ley Física del Desdoblamiento del Tiempo, el Espacio y la Materia[6], Epigenética y Biología Sistémica para el Cambio Evolutivo, Hatha Yoga, Kriya Yoga, Reiki, Runas, Geometría Sagrada, Ayurveda, Alimentación Cetogénica, Naturista y Super Alimentos, etc.

- Decidí mirar muy poca TV, y elegir el contenido según el aprendizaje que me ofrece.

- Inicié emprendimientos y me involucré con otros que no prosperaron.

- Definí un plan financiero y de vida que me trascendiese.

- Dejé de endeudarme de mala manera, y pude crear mis primeros activos para avanzar hacia la libertad financiera.

- Empecé a considerarme parte de la humanidad —y también considerar a la humanidad parte de mí—, lo que me llevo a iniciar tareas y proyectos enfocados en brindar ayuda social y servicio a la humanidad.

- También empecé a reciclar toda la basura que produzco, y hacer mi aporte para el cuidado del medio ambiente.

- Después de cerca de dos décadas como empleado, en empresas multinacionales, redefiní mi vida profesional e inicié mi carrera como consultor independiente, experto en inteligencia empresarial y procesos de negocios. Así logré administrar mejor los tiempos para dedicarlo a mi desarrollo personal y espiritual, a mi familia y a mis proyectos personales.

- Poco tiempo después, y en plena crisis económica Argentina, creé mi primera empresa llamada ADN Empresarial Consulting

---

[2] En el Enric Corbera Institute

[3] En OBS Business School de la Universidad de Barcelona, España.

[4] Directora: Lucia Inserra. Sitio web: https://www.uconciencia.org/eneagrama-sistemico

[5] Directora: Patricia Traversa. Sitio web: http://www.fengshuiprofesional.com/

[6] Correspondiente a Jean-Pierre Garnier Malet

(www.ADNEmpresarial.biz/index) —basada en los mismos valores de vida que definí— para acompañar a líderes, equipos de trabajo y a empresas hacia una nueva fase de evolución que requiere este momento de la humanidad. De esta manera podrán transformar su realidad desde adentro hacia afuera logrando un crecimiento integral y consciente.

- Y luego de haber trabajado por más de una década en mi desarrollo personal, espiritual, y autoconocimiento, pude integrar todo el conocimiento en los servicios que brindo a los consultantes a través de métodos innovadores llamados BioNeuroAssessment® (www.BioNeuroAssessment.com), BioNeuroManagement® (www.BioNeuroManagement.com), BioNeuroCoaching® (www.BioNeuro-Coaching.com) y Decodificación Emocional® (www.DecodificacionEmocional.com), enfocados en organizaciones, ejecutivos, líderes y personas interesadas en superar los retos y las dificultades que no les permiten alcanzar su máximo potencial.[7]
- También inicié un proyecto personal como empresario digital en la era de la información —InfoEmprendedor— creando infoproductos digitales: libros, video cursos y webinars, además de servicios integrales de coaching y mentoring.
Entre otras tantas cosas que mi alma y mi corazón ofrecían.

A lo largo de 20 años dirigí proyectos, y diseñé soluciones, para empresas multinacionales cerealeras, petroleras, consumo masivo, seguros, bancos, constructoras, belleza, salud, comunicaciones, gobierno, entre otros. Todo esto me dio la posibilidad de comprender muchas realidades diferentes, y aprender a convivir con ellas.

Sinceramente, no he tenido una vida dolorosa y de sufrimientos como les toca vivir a otros seres. Dios ha sido muy generoso conmigo, así que mi responsabilidad es aprender, asociar e integrar desde otro ámbito: la conciencia. Y, desde allí, mostrar al mundo como puede ser aplicada en cualquier ámbito de la vida. También analizar en forma asociativa e integradora muchas realidades, así como vivenciar experiencias que me permitieron tener un panorama amplio para formar una visión del Todo —en un mundo lleno de especialistas y con una visión fragmentada— y así poner en duda todo aquello que estaba preestablecido en el gran sistema que vivimos.

---

[7] Decodificación Emocional, BioNeuroCoaching, BioNeuroManagement y BioNeuroAssessment son marcas registradas por Silvio Santone

Me identifico con el rol que me dio un amigo al definirme como un integrador que ve el Todo y que, desde mi pragmatismo, diseño soluciones conscientes, aplicables en la vida cotidiana. Por eso creo que quien logra ver un problema o una falla en el sistema, y a partir de ello brindar una solución holística e integradora, se puede volver un Ser que aporte gran valor a la humanidad —más allá de que a algunos integrantes del sistema les resultes una amenaza—.

Cada parte del proceso ha sido muy enriquecedora y ha permitido que mi Ser expanda su potencial y se eleve a nuevos estados de conciencia. Ello me permitió comprender que a este mundo venimos a hacer para ser. Que en la nueva era de la conciencia las formas importan, y solo servirá hacer con conciencia, hacer desde el Ser.

¿Por qué? Porque cada acto que realizamos tiene un impacto infinito que no podemos predecir al inicio de la primera acción. Ello nos permite comprender que cada acto es valiosísimo desde el momento de su concepción —el pensamiento que le dio origen— y que el verdadero logro de nuestra vida tampoco lo podemos predecir —nos trasciende—.

Pero vayamos ahora al momento disparador que diez años después me permite estar aquí sentado y escribiendo esta serie de libros. Como expresé en el capítulo *"El factor conciencia aplicado a la salud"* del libro *"El Factor Conciencia"*, el cuerpo expresa perfectamente nuestro estado emocional y nos lo hace saber de una manera muy notable.

En esos momentos tenía síntomas que no atendía, o los minimizaba, hasta que un día el aviso se hizo notar. No había otra opción que parar y rever mi estilo de vida. Entonces en marzo del año 2007, mientras jugaba al futbol con amigos, el tendón de Aquiles de mi pierna derecha se cortó. No sabía que existían ese tipo de lesiones hasta que el médico me lo hizo saber. También dijo que tendría que estar tres meses inmovilizado con múltiples yesos, y luego vendría una recuperación de otros tantos meses más.

En un solo instante, todos los proyectos laborales que estaba liderando en la empresa que me empleaba estaban en riesgo. Venía envuelto en una vorágine de proyectos, y encarando una gran carrera profesional, siendo el jefe más joven dentro del área de sistemas de dicha empresa. Al mismo tiempo que había terminado de construir mi primera casa, me había casado hacía pocos meses con quien sería la madre de mi hijo Martiniano, estaba muy endeudado, no toleraba determinadas actitudes de las personas, discutía y me enfermaba seguido, y gran parte de lo que comía me sentaba mal.

No sé si has tenido ese punto de inflexión que hace que todo cambie en tu vida. En mi caso, me estaba sucediendo y lo entendería tiempo después. Mi cuerpo me puso un freno a cómo me venía manejando, y me dio varios meses de reflexión y replanteo de todo lo vivido y realizado hasta el momento. A su vez, el inconsciente, seguramente acompañado con alguna señal de Ángeles y Guías que colaboran en mi aprendizaje, hizo que días antes del corte de tendón ingresara a una librería y comprara libros que no conocía, pero que llamaron mi atención, y cambiarían el resto de mi vida. Esa perfecta combinación de *"tiempo disponible + soledad + tranquilidad + libros"* hizo que mi vida cambiara, poniendo en duda todo lo que venía realizando, y escribiera esta serie de libros diez años después.

Esos meses formaron parte del primer salto cuántico que experimente en mi vida. Seguido y superado luego por la experiencia de presenciar el nacimiento de mi hijo Martiniano y ser padre. Y, por último, otro salto cuántico importante se produjo cuando llegó a mi vida —de la mano de Raimon Samsó— el término *"Conciencia"*, el cual sería el elemento clave que necesitaba para que todas las piezas del rompecabezas encajasen a la perfección.

En general, en las obras de teatro o en las películas, existe un hilo conductor o línea argumental que une todos los elementos de la obra. Haciendo una similitud con ello, entendí que la conciencia seria la línea argumental de la vida, la cual mantiene conectadas todas sus piezas.

El armado del rompecabezas no fue rápido ni fácil. Requirió mucha dedicación, introspección, investigación, comprensión, observación, reflexión práctica y experimentación. A medida que avanzaba en un tema se habría un abanico de opciones sumado a otros temas relacionados que desconocía. Así, cada tema implicó muchos libros, videos, audios y contratar servicios de especialistas —cursos, talleres, sesiones particulares, entre tantos otros—, para finalmente formar un concepto integral que considere a la vida como un Todo.

El gran desafío fue unir las partes porque cada especialista tenía una visión fragmentada de la vida: quien era especialista en temas de espiritualidad no sabía responderme sobre emprendedurismo, finanzas e inversiones. Quien era un especialista en economía no consideraba la conciencia como una opción. Quien era especialista en psicología o medicina no consideraba nuestra esencia espiritual y, menos aún, la existencia de vidas pasadas. Y así tantas otras combinaciones diferentes, y con visiones fragmentadas, que coexisten en la sociedad.

Durante el proceso me decía: Toda persona que quiera saber el verdadero significado de la vida ¿Tiene que aprender todo esto? ¿Tendrán la constancia y determinación para hacer semejante esfuerzo? ¿Y mi hijo, tendrá que hacer lo mismo? Todas preguntas que al responderlas dieron forma a un proyecto que inicialmente no me había propuesto, pero que, con el paso del tiempo, fue sintonizando con mi alma y mi propósito de vida.

En ese proceso hubo tres etapas claramente diferenciadas que resumen la historia de esta serie de libros:

- Inicialmente, vi oportuno dejarle a mi hijo una base de conocimiento integral. Entiendo que él recorrerá su propio camino, ahora creo que este le será más sencillo si lo hace acompañado de instrumentos que sean holísticos y fáciles de comprender.
- Luego, mientras avanzaba en la escritura, entendí que estaba cubriendo una búsqueda y necesidad personal. Estos son el tipo de libros que me hubiese encantado recibir en el inicio de mi camino de desarrollo personal.
- Más tarde entendí que estos libros no eran míos, sino que se escribían a través de mí, y me pregunté: ¿Por qué limitar este instrumento a mi hijo y a mí? Entonces, dejó de ser personal y se transformaron en instrumentos que pueden aportar valor a la humanidad.

Hubo versiones preliminares —manuscritos, ensayos— que fueron la base de esta serie de libros. Una primera versión quedó plasmada en una serie de apuntes llamados: *"La felicidad en una mesa"*. Básicamente, cada pata de la mesa era un aspecto de la vida del ser humano —salud, familia, profesión, finanzas, entre otros—. La tabla de la mesa representaba la felicidad plena o integral —esta no es posible si alguna de las patas está endeble—. En general, las mesas tienen cuatro patas y los aspectos de la vida del ser humano son muchos más. Entonces, ¡título del libro descartado!

Este ensayo privado eran anotaciones que canalizaba en cualquier horario y lugar. Despierto o durmiendo, no importaban, solo venían y las anotaba. Eran pequeños párrafos sueltos y los iba acumulando por temas.

Durante el año 2016, mientras me encontraba liderando un proyecto para un cliente, empecé a darme cuenta de que no paraban de bajar textos, y que tenía mucho material. Allí empecé a sentir la necesidad de encerrarme unos meses, y transcribirlo todo para darle un formato más amigable. Entonces, un día pedí una señal clara para animarme a dar el paso y esta llegó inmediatamente. Así fue como terminé mis tareas pendientes en el proyecto, y avise que no estaría disponible por tres meses.

Ese encierro y espacio creativo derivó en otro ensayo público, con forma de libro, al que llame: *"Mapa de Vida Consciente: Hacer desde el Ser, hacer con conciencia"*. En forma totalmente autodidacta, lo diseñé con mapas mentales.

También me permitió crear una herramienta gráfica para mejorar mis sesiones de coaching. Este ensayo me brindó muchas oportunidades: crear un ciclo de conferencias y talleres enfocados en la conciencia, dar mis primeras charlas, y conocer muchísimos seres maravillosos que me ayudaron y avanzan en el mismo camino. Por eso, siempre estaré eternamente agradecido a este ensayo porque abrió muchas puertas y fue la base de esta serie de libros.

Finalizando la historia, meses después, mientras me capacitaba con Raimon Samsó, sentí que debía ir un paso más allá. Hacerlo más profesional, sumar más información y que fuera más simple aún. Entonces, guiado por Raimon, y mi deseo de mejorar, me dispuse a cambiarlo todo. Y así fue como nació el primer libro de la serie: *"El Factor Conciencia"*. Seguido luego por libros como *"Principios del Ser Consciente"*, *"Tus Horas Milagrosas"*, *"El Poder del Propósito de Vida"*, *"El Trigrama del Autoconocimiento"*, *"Salto Cuántico"*, *"El Gran Viaje del Alma"*, *"El Método Élite"*, entre otros. Algunos de ellos en desarrollo.

Esta serie de libros refleja la mejor versión de mis pensamientos, todos productos de mi estado conciencial actual. Puede que mañana mejore algunos de los conceptos aquí mencionados. Si esto sucede es porque mí Ser ha crecido y mi conciencia expandida. Al mirar hacia atrás, no hay de que arrepentirse cuando avanzamos en nuestra sanación y crecimiento.

Considero que a este mundo vinimos a hacer para Ser. Entonces, busqué integrar conciencia y realización para probarlo. Esta serie de libros tiene una fuerte base espiritual —la conciencia—, pero al mismo tiempo son muy pragmáticos. Me encanta el misticismo de la espiritualidad, pero entiendo que muchos seres no la consideran una opción porque no saben cómo integrarla a su vida cotidiana. También entendí que esa es parte de mi misión profesional, y sobre ello he puesto principal atención en cada producto y/o servicio que ofrezco a la humanidad.

Bien, ahora llega la parte más desafiante de este libro. Integrar conciencia y realización, propia de este plano. Lo que me gusta llamar: *"Acción Consciente"*.

¡Que lo disfrutes!

Principios extraordinarios para expandir la conciencia

El Ser Consciente entiende que todo lo que llega a su vida es necesario integrarlo.

La integración es una cualidad de esta nueva era que considera un aprendizaje elevado por cada experiencia que le brinda la vida. Sabe que la integración lleva consigo la sanación que tanto persigue, porque entiende que ésta lo acerca a la verdadera esencia que da origen a la existencia y de la cual forma parte.

***

El Ser Consciente entiende que las buenas intenciones son necesarias para avanzar y crecer. Pero especialmente sabe que en este plano físico con las buenas intenciones no alcanza, hay que tomar acción, acción consciente. Y por sobre todo sabe que detrás de toda intención está el pensamiento, y el sentimiento que le da origen.

El Ser Consciente observa con amor y compasión a quienes dicen que no se vive de buenas intenciones y sabe que estos se encuentran regidos por el miedo y las inseguridades propias de un estado de separación por no haber conectado con su esencia. Solo es cuestión de tiempo. Todo llegarán a vivenciarlo en esta, u otra, vida.

***

El Ser Consciente reconoce que en este juego llamado vida: Todo es Dios. Que Dios forma parte de todo lo que sus sentidos perciben —y también de lo que no perciben—. Sabe que Dios se manifiesta a través de todo.

***

El Ser Consciente sabe interpretar los mensajes que le expresa su cuerpo y lo que necesita para equilibrarlo. Reconoce cuándo la respuesta la debe encontrar en otro plano.

***

El Ser Consciente se enfoca en conseguir mayor discernimiento para interpretar los mensajes y las experiencias que atrae. Sabe que los problemas no existen y que todo cobra sentido cuando lo ve desde una perspectiva más elevada.

***

El Ser Consciente es como un árbol frondoso y lleno de vida. Su Ser son las raíces profundas y fuertes que sostienen el árbol. Estas no se ven, pero sabe que están. Esta parte permanece fija y es inalterable, mientras que lo que está arriba, en la superficie, es flexible y se adapta a las circunstancias del afuera, pero respetando siempre su esencia invisible.

***

El Ser Consciente sabe que las batallas que dirimió en el pasado las realizo con el viejo Yo. Hoy puede mirar hacia atrás y entenderlas para trascenderlas. Sanar todo el dolor que le provocaron, y también lo que provocó con su accionar inconsciente. Sabe que toda experiencia, por dolorosa que haya sido, ha sido una gran enseñanza para su camino, y el de otros —sea que lo comprendan en esta, u en otra vida—.

***

El Ser Consciente no lucha por causas limitadas a las reglas de un plano condicionado. Administra muy bien su tiempo y energía en causas que trascienden sus limitaciones.

***

El Ser Consciente sabe que las experiencias repetidas tienen como finalidad traerle, una y otra vez a su vida, todo aquello que no quiere enmendar al alejarse de su propio camino —y destino—. Por eso entiende que el sufrimiento y el dolor no son casualidad, y serán transitorios o permanentes dependiendo del aprendizaje adquirido por tales experiencias.

Por este motivo, los observa para encontrar la raíz que lo genera y así trascenderlos. Sabe muy bien que, asimilado el correcto aprendizaje, tales sucesos no se han de repetir jamás, y finalmente habrá sanado.

***

El Ser Consciente sabe cuándo decir NO y hacerlo desde el amor. Se aleja deseándole lo mejor al otro Ser porque comprende y respeta el camino que ha elegido. Entiende que es un camino diferente, pero sabe que es un camino válido para la perfección universal y divina del otro Ser. Si hubo dolor, entonces lo transmuta en aprendizaje y lo suelta con amor.

***

El Ser Consciente entiende que los propósitos elevados son misiones divinas y no pueden ser puestos en duda por quienes no lo comparten. El propósito elevado es muy fácil de comprobar: el estado frecuencial es alto y trasciende al Ser que lo realiza —el Ser Consciente es solamente un instrumento de manifestación divina—.

***

El Ser Consciente sabe que la calidad de un hombre se conoce por la meta para la cual está laborando, y se enfoca en la meta y no en el hombre que la lleva a cabo.

***

A veces no tiene que ver con lo que se tiene ganas, o no, de hacer, sino con lo que corresponde hacer —Leyes Universales de Armonía Cósmica—. En el Bhagavad Guita, Arjuna no quiere luchar, pero es su deber porque su misión de vida tiene que ver con ello.

Se llega a un punto dónde el deber va más allá de lo que uno mismo cree, y ante cualquier otra opción eso es lo que corresponde hacer. Esto forja en el Ser Consciente un espíritu indómito, indomable. El que debe ser domado es el ego, … el espíritu debe tener libertad para expandirse y cumplir su misión de vida.

***

El Ser Consciente no busca tener razón, sino aportar una nueva mirada o enfoque a una situación que para algunos parece ser un "problema sin solución". Ese aporte solo puede ser concebido desde una perspectiva más elevada para que produzca cambios profundos y de raíz. El Ser Consciente tiene muy presente que el solo hecho de querer tener razón se transformará en una lucha de egos karmaticamente interminable.

***

El Ser Consciente se moviliza por una creencia y una fe inquebrantable hacia la conciencia superior que todo lo crea. Posiciona su confianza en el plano sutil porque sabe muy bien que confiar en lo que realice un Ser anclado con su conciencia en el plano físico, está condicionado a creencias que lo limitan en su accionar. Además, todo ello lo deja libre de expectativas y apegos a lo que el otro Ser pueda hacer.

***

El Ser Consciente no supone; se enfoca en preguntar, investigar, expandir su mente y comprender. El Ser Consciente entiende que el suponer surge de la desinformación, y también de la tendencia del ego a creer que lo sabe todo. El ego está ligado a una mentalidad de escasez y como tal no comprende que forma parte del problema que da origen a la suposición.

***

Hay un hecho realmente grande que trasciende cualquier generación, y hace que cualquier Ser centre su atención cuando lo encuentra: eso es su propósito y/o misión de vida. Cuando no está claro entonces se dispersa con cualquier distracción irrelevante.

Todo Ser Consciente integra generaciones y siembra semillas que despierten pasión, misión y propósito. Los tiempos en que germinen las semillas solo dependen del otro Ser.

***

El Ser Consciente adora a los discípulos que trascienden el rol discípulo/maestro. El discípulo consciente no alimenta el ego de su maestro. Y este se aleja de los discípulos que aceptan todo sin cuestionar. Siempre la enseñanza es bidireccional, y respetando un alto nivel de integridad entre lo que sienten, piensan, dicen y hacen.

***

El Ser Consciente sabe que el éxito es ser feliz con el propósito de vida. El encontrarlo, y querer alcanzarlo, lo lleva a realizar un trabajo de autoconocimiento interior porque el propósito está ligado a su Ser y la misión divina que ha originado su encarnación en este plano.

También sabe que el propósito lo trasciende, y debe hacerlo sin apegos. Para ello define valores y principios de vida, basados en la ética y la conciencia, que lo ayudarán a dar con ese propósito y también poder transitar el proceso para lograrlo.

***

El Ser Consciente sabe que ningún factor externo lo detiene para la concreción de un proyecto elevado. Solo su falta de propósito, o su falta de convicción, o una creencia errada frenan su avance. El trabajo siempre es interior y se verá reflejado en el exterior.

***

El Ser Consciente reconoce que toda relación es sagrada, y sabe que una relación finaliza cuando hay aprendizaje y liberación desde el amor.

***

El Ser Consciente entiende que los cierres de ciclos son tan importantes como los inicios. Energéticamente, los cierres deben ser a un nivel más alto que el inicio porque traen el peso de la experiencia vivida. Cada detalle habla del ciclo y de quienes lo llevan a cabo. Cada detalle le permitirá saber si el ciclo se repetirá, o lo trascenderá.

***

El Ser Consciente entiende que los diamantes se forman bajo condiciones de presión y temperaturas extremas para convertirse en piedras preciosas. Por este motivo, asume que el dolor es el extremo opuesto al amor, y que ambos son extremos de un péndulo llamado crecimiento.

***

El pasado ayuda a entender el presente. El Ser Consciente no puede comprender el pasado si no se abstrae de la situación vivida y no la observa desde otro estado en el que este desapegado del rol y las condiciones de ese momento. Al crecer y avanzar en discernimiento podrá observar desde otro lugar más elevado. Ello permite comprensión y trascendencia del pasado para entender el presente y modificarlo. Hecho esto, es inevitable que el futuro, al cual estaba destinado, cambie.

***

El Ser Consciente no considera todo lo que se le impone como evidente cuando esto no ha pasado por su filtro elevado de comprensión. Entiende que toda autorreflexión y comprensión puede estar limitada a condicionamientos del Ser que lo hace, salvo que este regido por principios conscientes de alta vibración energética. ¿Por qué energía? Porque en el plano de las dualidades todo es energía y vibración, entonces todo pasa por este filtro y eso le permite descartar las opciones que no brinden una solución elevada al problema en cuestión.

***

El Ser Consciente entiende que un Ser condicionado no puede reflexionar y comprender más allá de lo que le permitan tales condicionamientos. Por este motivo, tiene una sana convicción de expandir su comprensión y discernimiento para que emerja el Ser interior con todo su potencial. Esto es el verdadero arte de innovar, lo cual es muy distinto a crear en un contexto plagado de condicionamientos no trabajados y no comprendidos que lo mantengan en una pseudo área de confort.

***

El Ser Consciente reconoce que no tiene poder para controlar sus problemas. Sabe que tiene poder para trabajar en su sanación y crecimiento a través de la expansión de su conciencia depurando las creencias que lo condicionan. Esto le permitirá mejorar sus pensamientos y desde allí los problemas, simplemente, desaparecerán.

***

El Ser Consciente asume que el acto de la manifestación consta de dos etapas claramente diferenciadas:

1. Lo que está dentro de su ámbito de responsabilidad: el Ser y el Hacer. El 90% de la manifestación. Aquí su principal función es accionar interior y exteriormente. Es decir, trabajar en sí mismo, determinar lo que quiere, trazar un camino, actuar y servir con alma y corazón.
2. Lo que no está dentro de su ámbito de responsabilidad: el Tener. El restante 10% de la manifestación. Aquí el accionar corresponde plenamente a la divinidad. Su principal instrumento es la fe. Tiene que ser flexible y adaptarse ante la manifestación tal cual es. También saber interpretar su lenguaje, saber cuándo avanzar, y saber cuándo corregir.

Para que el Ser Consciente alcance todo su potencial es necesario redefinir viejos conceptos y transformarlos. Responsabilidad en la nueva era de la conciencia y la integración significa: *responder con una habilidad diferente — elevada en energía y vibración— a lo mismo de siempre.* Esta capacidad de transformación de lo conocido es el principal poder que tiene todo Ser Consciente.

***

El Ser Consciente actúa sin esfuerzo, a partir de sus dones y talentos. Sabe que estos son instrumentos divinos que le fueron otorgados para la concreción de un propósito de vida que lo trasciende, pero del cual se basa su encarnación en este plano. Ese propósito de vida está basado en dos pilares fundamentales: primero su sanación para elevar su estado conciencial, y luego en el compartir —de una manera única— ese aprendizaje para ayudar a elevar la conciencia colectiva.

***

El Ser Consciente sabe que su discernimiento depende de los maestros que reconoce en su paso por este mundo, y como decide trascenderlos. Seguramente esos maestros pueden ser parte del entorno más cercano, y allí radica la humildad y la valentía para trabajar en su propia sanación.

Sabe muy bien que su nivel de energía y vibración no dependen del entorno, sino de una decisión personal.

***

El Ser Consciente sabe que iniciar todo nuevo ciclo requiere vaciarse. Esto es sinónimo de perdonar, soltar, depurar, limpiar, sumar nuevas opciones y redefinir. Hacerlo todo desde un ámbito más elevado, y en forma holística e integral.

***

El Ser Consciente sabe que la memoria y las ataduras al pasado no le permiten avanzar en ningún ámbito personal ni social. Siempre lo más importante será el perdón y el aprendizaje obtenido para trascender dicho pasado. Soltar, sanar y crecer para mantenerse en sintonía con un Universo que demanda dinamismo y evolución constante.

***

La clave, y gran trabajo de todo Ser Consciente, es dar con el propósito de vida —a qué viene cada uno a este plano—. Cuando se alcanza, apenas, un vislumbre acerca de ese propósito entonces el camino se torna real y empieza a ver la luz entre tanta oscuridad. Esa luz que lo guía en cada paso forma parte de una luz más grande que no tiene manera de estimar o predecir en el inicio —tampoco le corresponde hacerlo, no está en su ámbito de responsabilidad—.

Transitar el camino es el verdadero proceso de aprendizaje y conlleva mucha fe, también superar desafíos hasta que se logra mayor fluidez y menos esfuerzo.

***

El Ser Consciente entiende que jugar el juego de la vida no es igual cuando se hace desde una actitud de amor que empodere a todos los participantes, a cuando se juega con temor a perder. La primera está ligada a una mentalidad de abundancia, y la segunda a una mentalidad de escasez. La primera nutre al Ser, la segunda lo debilita y lo torna vulnerable.

***

El Ser Consciente es un verdadero maestro porque fomenta que sus discípulos lo superen. Trasciende su ego pensando en el bien colectivo y la trascendencia que significa formar parte en el proceso evolutivo de un buen discípulo para el bien de la humanidad. El legado siempre supera al personaje y el control que este ejerce, a través el miedo, sobre otros seres.

***

El Ser Consciente sabe que trae consigo un propósito o misión de vida; y que el gran trabajo o desafío es de autodescubrimiento para eliminar todas las imperfecciones que cubren al Ser.

***

El Ser Consciente sabe diferenciar entre los deseos mundanos y los deseos de Ser. Este último genera tanto la llegada a este mundo, así como, también, el no tener que volver más. El mismo deseo lo ata en el inicio, y lo liberará en el final. Ello requiere sumar vidas en equilibrio y en unión con la conciencia.

***

El Ser Consciente no se ata a cumplir sueños superficiales y mundanos para sentirse feliz. Sabe que el propósito de vida tiene que estar detrás y sustentará la materialización de todo sueño posible en este plano. También sabe diferenciar sueños que lo acercan al propósito y otros que lo alejan. Los sueños cumplidos son manifestaciones que forman parte del juego en este plano y, cuando suceden, sabe disfrutarlos. El juego tiene momentos de disfrute y relax.

***

El Ser Consciente reconoce cuando un ser querido está destinado a una gran misión, y no lo retiene a su lado. No se apega y lo libera entendiendo que nada le pertenece y que, a su vez, forma parte de un todo colectivo más grande que su individualidad y su propio bienestar. Ya sea con un hijo, o con una pareja, los libera de ataduras porque sabe que nada ni nadie debe interferir en el propósito de vida del otro Ser. Esa liberación es su gran aporte a la humanidad y lo hace desde el amor.

***

El Ser Consciente intenciona grandes acontecimientos sin planificar los detalles del "cómo" se manifestará. Sabe que eso no está bajo su ámbito de responsabilidad y no pierde su tiempo. Entonces se dedica a establecer metas, fluir, estar receptivo, sanar, limpiar, observar, reconocer, detectar, decidir y actuar en forma consciente.

Cuando el hecho se ha manifestado, aunque sea parcialmente, entonces organiza tareas concretas para que toda la manifestación tome forma. El sincrodestino hace que todas las piezas se acomoden a su debido tiempo. No lucha con lo que no está en su ámbito de responsabilidad.

***

Algunos motivadores superficiales de la vieja era aconsejan que debes tener críticos y detractores porque son fuente de inspiración. El Ser Consciente sabe que eso es una lucha de egos, y no le interesa aplicar tales consejos.

Al Ser Consciente no lo inspira un factor externo —críticas o alabanzas recibidas—, solo lo inspira un propósito de vida elevado y que lo trasciende. Esa inspiración es genuina, e interna. Lo de afuera queda en el mundo de la ilusión que es una de las tareas principales a trascender en este juego de la vida.

Su principal desafío es mantener el equilibrio en este plano de las dualidades. No darle lugar al ego para que se enorgullezca cuando lo ponen bien arriba, y tampoco que se enoje cuando sucede lo contrario. Sabe muy bien que no es ninguno de ambos extremos. Debe ser equilibrio, expresado en humildad, amor y gratitud.

***

El Ser Consciente entiende el juego de la vida y está preparado para dejar su cuerpo sin temores. Eso le permite apreciar cada instante de la vida y, que cada acto sea sagrado y, también, sea su más valioso aporte para este momento en el aquí y en el ahora.

Cuando juega con su hijo se pregunta: *"Mañana, ¿Podré disfrutar de un nuevo juego con mi hijo?"*. Cuando mira a los ojos de su pareja: *"¿Podré ver nuevamente la inmensidad del universo a través del brillo de sus ojos?"*, Cuando se alimenta: *"¿Podré tener la bendición de disfrutar nuevamente de este rico y sano alimento?"*. Estas preguntas tan simples como profundas, y la aceptación de que la muerte física en algún momento llegará, le permiten tener una vida con sentido, en el aquí y ahora, sin temores, sin apegos, y libre de toda superficialidad, que le permita dejar este mundo con una mirada más elevada hacia su esencia divina.

***

El Ser Consciente no acciona en su labor diaria por los beneficios económicos que le reportará dicha tarea. Ese accionar forma parte de una mentalidad de escasez. El Ser Consciente sabe que cada acto condicionado esconde detrás sufrimiento, y lo reconoce porque busca la felicidad plena sin condicionamientos. Busca la libertad integral. La liberación de toda atadura que lo ate a una nueva vida en este plano.

***

El Ser Consciente no hace las cosas por el beneficio que le aporta a los demás, ni tampoco por el placer que se brinda a si mismo al hacerlas. Solo lo hace porque reconoce la conciencia divina que hay detrás de todo.

Su accionar tiene como fin beneficiar a esa conciencia divina que está en cada Ser vivo y, también, en sí mismo. Todo lo que hace suma a la experiencia de esa conciencia divina que se manifiesta en los distintos personajes de este juego llamado vida.

***

Cuando el Ser Consciente se relaciona con otros seres sabe que muchas variables interfieren para que su mensaje llegue con plenitud. Sabe que no todos tienen la misma percepción de la realidad que se está manifestando en el aquí y ahora. Por ese motivo es muy respetuoso del proceso conciencial que cada Ser experimenta a partir de sus paradigmas forjados por experiencias del pasado.

***

La separación nos hace creer que todos somos diferentes, pero el Ser Consciente entiende que todos somos iguales y que contamos con instrumentos únicos —cuerpo, dones, talentos, personalidad, creencias, paradigmas, experiencias, entre tantos otros— que nos permiten jugar el juego de la mejor manera posible, para trascenderlo. Todos somos a imagen y semejanza de nuestra fuente divina. Todos somos iguales. Todos somos uno.

***

El concepto mediático llamado la **U** de la felicidad nos dice que la felicidad puede variar a lo largo de la vida. Que hay un pico de felicidad en los primeros años y, luego aparece, en el final de la vida. Lo que sucede en medio es confuso y genera infelicidad —se representa en la base de la **U**—.

Los primeros años fueron una "pseudo felicidad" que luego se ve reflejada en confusión e infelicidad —Ley Universal de Causa y Efecto—. Así que, lamentablemente, dicha felicidad no fue tal.

La "felicidad" en el final de la vida es engaño y conformismo al asumir los resultados decepcionantes que genera la diferencia entre la expectativa por los sueños a cumplir y lo finalmente cumplido.

El Ser Consciente entiende que tal concepto existe porque se nos ha mal enseñado de pequeños, y que la infelicidad no existiría —en ninguna etapa de la vida— si de pequeños conectáramos con nuestra esencia divina, y la mantuviéramos en todo momento.

El Ser Consciente aprende a conocerse con humildad en cada etapa de la vida para disfrutar el proceso en todo momento. Esta es verdadera felicidad que lo acerca a la autorrealización. Esta mentalidad le permite transformar la **U** en **8**, o **∞**, —El número 8 significa el comienzo. Simboliza la transición entre el cielo y la tierra, y escrito horizontalmente, representa el infinito—.

***

Cada día hay que elegir a quien alimentas: al Ser o al ego. El Ser Consciente no va de un extremo al otro como un péndulo. Se mantiene en equilibrio. No duda. Tiene una clara convicción y toma sus decisiones desde lo más profundo, su Ser. Sabe que cuando decide desde el amor hay una fuerza espiritual que lo sostiene y lo impulsa a seguir.

***

Todo confluye hacia el Ser. El rol es una distracción. Ahora, un Ser Consciente ¿Cómo maneja las distracciones?: Sabe su propósito de vida y actúa en consecuencia.

***

Integrar deriva de ser integro en pensamiento, sentimiento, palabra y acción. El Ser Consciente solo puede transmitir lo que ha incorporado y asimilado. Lo que ha integrado a su Ser. Por este motivo, reconoce muy bien sus maestros guías, y sus energías.

***

El Ser Consciente se conecta a la fuente creadora, recibe imágenes, visiones de sus deseos y sueños más profundos. Los siente y los percibe cerca. Pero también sabe que para que se manifiesten en este plano debe soltarlos con gratitud, intención y el sentimiento del deseo cumplido, mientras trabaja su Ser y se conoce a sí mismo.

El Ser Consciente no establece la fecha en que se manifestará, menos aún un plan de manifestaciones. Entiende muy bien que esa variable no está bajo su ámbito de responsabilidad. La divinidad, es quien opera la variable tiempo, y esta acelera —o atrasa— las gratificaciones según la profundidad del trabajo de autoconocimiento realizado en el Ser.

El único plan del Ser Consciente es trabajar en su Ser cada día y, luego, ser un Ser en acción en cada ámbito de su vida.

***

El Ser Consciente sabe que, si diariamente no tiene tiempo para trabajar en su Ser entonces, mucho menos lo tendrá para alcanzar felicidad y liberación.

Sabe muy bien que se hace fuerte yendo hacia su interior, y que a medida que su discernimiento crece las oportunidades aparecen. Ello implica ser humilde y comenzar en pequeño, pero con una mirada elevada hacia lo más grande de este Universo.

***

Si bien las condiciones del contexto pueden incidir en el accionar y en el resultado obtenido, el Ser Consciente sabe que sus decisiones son las que determinan su destino. Y, más aún, sabe que detrás de las decisiones están los pensamientos que le dan origen. Así que trabaja en ellos para mejorar su discernimiento y tomar mejores decisiones.

***

Tratar de complacer a todo el mundo no es algo que le interese a un Ser Consciente. Ese es el deseo del ego y, como toda creación del ego, esta es falsa.

El Ser Consciente se enfoca en su "por qué o para qué" hace lo que hace, y eso le llena el alma de satisfacción porque lo acerca a su esencia. Si su acción impacta en la vida de una, o de millones, de seres no es algo que deba importarle y, más aún, que condicione su accionar.

***

La paciencia y la perseverancia son vehículos hacia el cumplimiento del propósito de vida. El Ser Consciente integra estas virtudes en su camino para ser feliz con el propósito y, especialmente, con el proceso de transformación interno que debe atravesar para convertirse en una mejor persona.

El resultado obtenido es temporal y con el paso del tiempo desaparece, pero el aprendizaje obtenido durante el proceso perdura eternamente en su Ser y le permite alcanzar éxito. Autorrealización.

***

¿Qué significa ganar un primer premio? ¿Qué significa lograr un resultado elevado a partir de una acción? El Ser Consciente sabe que ello tan solo es un instrumento para comunicar el mensaje que se propone inicialmente al establecer su "por qué o para qué" hace lo que hace.

Tiene muy en cuenta que el mensaje debe trascender a quien lo transmite, sino el ego es quien comanda. También sabe que, en este juego, un primer premio retroalimenta los siguientes eslabones del mensaje a transmitir —todos con una mirada elevada porque están relacionados al propósito de vida que no le pertenece y lo trasciende—. Por ese motivo, sigue trabajando en silencio y deja que el premio haga todo el ruido para potenciar el mensaje. El mensaje es lo único que importa, no así quien lo transmite.

***

El Ser Consciente va más allá del placer temporal. Sabe que eso es una ilusión propia del juego y, entendiendo las reglas, lo disfruta sin apego. Por eso se enfoca en ir más allá del placer de las distracciones porque sabe que el placer no es sino la sombra de la verdadera felicidad.

***

En la vieja era el "éxito" estuvo relacionado a un hacer desintegrado, fragmentado. Decir que el éxito está relacionado al Ser, es muy duro para el ego porque la mente no acepta que hay que dejar de hacer, y que en esta nueva era se trata acerca de un hacer más evolucionado que el viejo hacer mental del ego.

El Ser Consciente sabe que este es un plano para hacer desde el Ser, no desde el ego. Todo camino de conciencia realizado desde el Ser permite ser sorprendido en cada momento y que sucedan hechos por orden divino.

***

El Ser Consciente no pide tener mejor salud, mejor relación de pareja, mejor trabajo, más dinero, mejores amigos, mejores bienes materiales, mejores gobernantes. Allí es el ego el que habla y lo hace desde la carencia porque siente que no lo tiene.

El Ser Consciente sabe que tiene todo eso y mucho más a su disposición porque forma parte de un Universo abundante que no entiende de carencias. Entonces el Ser Consciente pide más discernimiento y asistencia divina para seguir trabajando en su Ser y así eliminar todas las barreras que impiden lograr su máximo potencial en esta vida.

***

La felicidad no es el resultado del esfuerzo sino el resultado, primero, de dar con el propósito de vida y, luego, accionar en consecuencia, a través de los dones y talentos, integrando todos los ámbitos de la vida con la mirada puesta en dicho propósito. El Ser Consciente actúa sin esfuerzo porque sabe que este solo existe cuando no se está convencido del propósito, o no se ha dado todavía con él.

Cuando la misión de vida es clara, la acción surge naturalmente, sin esfuerzo. Este estado de unidad con su Ser genera la disciplina y la motivación necesaria para perseverar en el camino.

En la Ley Universal de Causa y Efecto la disciplina es el efecto de la causa. La causa es lo real, lo que trasciende al Ser Consciente. El resto son instrumentos para el cumplimiento de la causa. La disciplina se deriva de ser un discípulo del propósito de vida —la causa—. Entonces la voluntad y la perseverancia también se sostienen en la causa.

***

Todo es energía y vibración en distintos niveles. Cada Ser con el cual te relacionas también.

El Ser Consciente considera la energía y vibración en todo. Esa condición de auto respeto a su Ser le permite saber cuándo decir NO a otros seres que solo buscan su propio beneficio particular por sobre el bien colectivo.

***

El Ser Consciente entiende que las palabras no alcanzan para expresar la verdad absoluta, y que solo la experiencia impactará muy profundamente en el Ser. Por lo tanto, toma acción con la práctica diaria y constante.

La palabra ayudará a que cada Ser encuentre por sí mismo su camino y lo impulse a la acción enfocada.

***

El Ser Consciente transmuta lastima y pena en compasión. Se pone en el lugar de la otra persona sin juzgar, entendiendo que hace lo mejor que su estado conciencial le permite en este aquí y ahora. Eso no justifica el accionar de la otra persona, por más atroz que sea. Todo tiene su justa implicancia en la ley perfecta del karma y el Ser Consciente no altera la ley divina.

***

Nadie te ha hecho daño. Lo que te hace daño son las expectativas que pones en las personas. El confiar en el otro tiene que ser libre de expectativas, de lo contrario habrá dolor y sufrimiento si esta no es satisfecha. En el otro extremo puede existir sobrevaloración si la expectativa es superada en exceso. Ninguno extremo es válido ya que forman parte de la ilusión.

La confianza es sobre tu propia causa o propósito que te moviliza cada mañana a hacer, tomar acción. El Ser Consciente sabe que el resto no está dentro de su ámbito de responsabilidad.

***

Nadie tiene el poder de lastimarte, y nadie tiene el poder de hacerte feliz. Un Ser consciente asume total responsabilidad por su vida y lo que brinda al mundo. El tener no le pertenece. Es el resultado de la labor en su Ser y de su hacer consciente.

Hay que quitarle la responsabilidad al otro, la responsabilidad siempre es propia. También hay que sacarle la carga emocional, y para ello tienes que modificar las viejas creencias para eliminar los miedos que estas generen.

El Ser Consciente entiende que si ha sido feliz al lado de alguien es porque ha escogido compartir su felicidad en ese momento —de igual manera con las situaciones no tan felices—.

***

El Ser Consciente entiende que, desde pequeños, nos educan para esperar el reconocimiento. Nos han formado para estar pendientes de que el mundo nos vea y también reconozca lo maravilloso que somos. El ego, que es separación, está laborando en forma perfecta. Dependiendo de otros, niegas la majestuosidad de tu Ser interior. Como dijo un gran maestro: *"Lo que otros piensen de mí no me corresponde juzgarlo"*.

***

El Ser Consciente sueña, imagina y cocrea porque sabe que el alma sufre cuando no se le permite alinearse a la gran fuerza universal de la cual emana y expresar aquello para lo cual encarno.

***

Todo Ser Consciente tiene un gran enemigo. Lo reconoce inmediatamente y su principal objetivo es amarlo sin limitaciones. Sabe que ese amor por sí mismo abrirá caminos donde antes había oscuridad, lo llevará a la unión y la autorrealización.

***

El Ser Consciente entiende que el perdón y la aceptación convierten, transforman. Son ingredientes esenciales para producir la alquimia entre el viejo Yo y el nuevo Yo.

***

En una era donde se ha difamado y tergiversado la verdadera función de la mente es necesario entender que es uno de los vehículos que posee el alma —junto con el corazón— para evolucionar y transitar en este plano. La mente es el medio que nos permite comunicarnos en este mundo físico y una vez purificada, de los sentidos y el ego, es un gran instrumento de conexión con la gran mente superior. El Ser Consciente conecta con su alma que lo guía en su travesía tridimensional manteniendo en equilibrio mente y corazón.

***

El Ser Consciente entiende que todos somos maestros y discípulos a la vez, según el rol que decidimos asumir con cada Ser. Cada uno con sus experiencias, y aprendizajes, transita su camino. Solo hay que ser un discípulo del propósito de vida, y el maestro es instrumento para que lo logres. El maestro consciente sabe muy bien su rol y alcance.

El Ser Consciente no se compara ni se pone la vara muy alta —sabe que el ego disfruta hacerlo—. Entonces, toma lo que le sirve para su camino de todo aquello que llega a su vida a través de los maestros. Reconoce sus propias fortalezas, dones y talentos que lo hacen único entre los mortales pero que lo asemeja a la verdadera esencia inmortal.

El Ser Consciente toma lo mejor, para su camino, de aquellos con los que se identifica y lo adapta para si, a partir de su autoconocimiento. El Ser Consciente no copia por copiar. El Ser Consciente escucha, observa, comprende, internaliza, experimenta, y forma el hábito.

Todas las virtudes que reconoce en el maestro son las que también tiene, pero algo lo interfiere, ... de lo contrario no lo vería. Sabe que tiene el potencial para alcanzarlo, y también trascenderlo, ... entonces su trabajo se resume en entender cuáles son las barreras internas que debe superar para lograrlo. El trabajo siempre es interior y se reflejará en el exterior.

***

El Ser Consciente hace introspección y busca la respuesta en su interior. Sabe que los maestros le brindarán asistencia divida a su pedido, pero también saber respetar a los maestros y no ser dependiente en cada momento de su asistencia. El Ser Consciente se vuelve más consciente sin dependencia porque sabe que con dependencia no hay crecimiento.

***

El Ser Consciente valora y administra todos los recursos que llegan a su vida —relaciones, profesión, tiempo, salud, energía, emociones, cuerpo, amor, dinero, finanzas, bienes materiales, entre tantos otros—, porque sabe que no le pertenecen y son bondades que la divinidad le concede para transitar la experiencia y el aprendizaje en este plano. Sabe que nada podrá llevarse consigo el día que su cuerpo físico perezca, salvo la experiencia vivida por aquello que ha sabido administrar en forma desapegada.

***

El Ser Consciente huye de la complejidad. Hace las cosas simples a partir de las enseñanzas elevadas que le brindaron los grandes maestros iluminados que han transitado en el planeta. A partir de haber comprendido y accionado en lo simple, se permite avanzar de mejor manera en aquello que, antes, parecía más complejo.

Entiende que debe empezar por lo simple, y que será cuestión de tiempo para que lo complejo se diluya porque era la visión de su viejo Yo limitado en su anterior estado conciencial. En su nuevo estado conciencial, en su nuevo Yo, todo será mucho más simple.

***

El Ser Consciente expresa gratitud hacia los maestros de la vida, pero sin aceptar incondicionalmente todo lo que se diga como verdadero y único. Se expresa llevando a cabo las enseñanzas y luego trascenderlas en pos del propósito que ha venido a cumplir, libre de apegos hacia los maestros.

El verdadero maestro es un mensajero e instrumento de Dios que acompaña su proceso libre de apegos, porque sabe muy bien que tiene una misión por cumplir que lo trasciende, y que suma al estado conciencial de la humanidad. Cualquier otra situación es apego, y detrás de este, está el ego.

***

El Ser Consciente integra los polos opuestos, logrando equilibrio y así deja de pendular entre las dualidades. Se acerca a su Ser interior.

***

En todo proceso de duelo de una relación, se pasa por diferentes estadios y emociones. El dolor, la tristeza, la observación, el aprendizaje, la liberación, el desapego, entre tantos otros, hasta que llega la toma de la decisión.

Ese paso trascendental marca el fin de una etapa —que desemboca en una crisis—, y el inicio de una nueva etapa para quien tomó la decisión —aunque el ego del otro Ser afectado por dicha decisión así no lo entienda y empiece a transitar su propia crisis—. Ese proceso transformador, es la toma de conciencia que impacta en el Ser. Es el lenguaje del Ser y el aprendizaje será reconocido por este, por más dolor que exista.

***

El Ser Consciente entiende que su proceso de aprendizaje ya lo internalizó antes de tomar la decisión transcendental. La decisión es tan solo el resultado o el efecto final de la aceptación y comprensión previa —la causa—.

Puede parecer una crisis, pero en realidad es su fin, por lo tanto, es el inicio de una etapa nueva más elevada donde no entran las limitaciones previas que llevaron a la revisión y a la introspección.

En toda relación, el Ser Consciente respeta los tiempos del otro, y el proceso de aprendizaje sobre lo sucedido. Entiende que cuando exista una actitud de empoderamiento pensando en sumar y no restar, allí estará. Mientras tanto sigue su camino.

***

El Ser Consciente sabe que nada externo puede motivarlo para generar su propia confianza. Eso es superficial y dura tan poco como el vapor en llegar a los cielos. El Ser Consciente es motivado por su propósito de vida. Esto mismo es el generador de confianza, perseverancia, actitud, proactividad, energía. Siempre el camino es interior y se refleja en el afuera.

El Ser Consciente también sabe que el propósito de vida es un mandato divino que no le pertenece, pero si tiene la total responsabilidad de llevarlo a cabo para sumar al proceso conciencial de la humanidad —y para él mismo sanar y liberarse de las ataduras que lo retienen en la rueda de reencarnaciones—. Un cuento anónimo expresa: *"Un pájaro posado en un árbol nunca tiene miedo de que la rama se rompa, porque su confianza no está en la rama sino en sus propias alas"*.

Podemos compartir experiencias con otros seres, pero lo que nos une es la vibración, la energía y, sobre todo, el mensaje que transmitimos. Pero la confianza es hacia la esencia que reside en su interior, y hacia el propósito de vida. Eso es percibido por otros seres que traen dentro suyo similares características, entonces allí nace una causa colectiva elevada que los une, y los trasciende. Entonces, la confianza interior se traslada hacia fuera en forma de empoderamiento colectivo. Y eso los retroalimenta generando un círculo virtuoso que los eleva a otros estados conciénciales.

***

El Ser Consciente tiene una mirada global del Todo. Suele salir del ámbito en el que es especialista y entra a un nuevo mundo como observador para hacerlo desde distintos puntos de vista. Entonces busca aquellos donde no existan condicionamientos, porque las condiciones las establece el ego. El Ser Consciente ve el todo y trasciende las condiciones. La visión del Todo le permite desenfocarte por un momento para afinar la intuición y tomar decisiones más acertadas para el futuro.

***

El Ser Consciente sabe que el tener expectativas genera limitaciones en la visión de una situación. Le invade una ceguera que no le permite ver otras realidades, opciones o bondades detrás de ella.

Por ese motivo, sabe que el tener expectativa puede ser muy riesgoso porque detrás de toda decepción hay una expectativa, y que toda necesidad parte de una carencia. El Ser Consciente no necesita a nadie para sentir felicidad, o ratificar quién es. Su principal labor es trabajar en su Ser para crecer, ser feliz y compartir esa felicidad con quien desee —sin expectativas y sin esperar nada a cambio—. Solo enfocarse en crecer y servir.

***

Fe y creencia en la divinidad no es solo para determinados momentos. Un Ser Consciente no duda de su fe, no duda de su esencia. Sabe que puede transitar momentos muy dolorosos, inclusive la pérdida de un ser querido, pero también sabe que existe un plan divino y perfecto. Solo el ser humano condicionado duda. El Ser espiritual nunca duda. La devoción está en todo momento. Eso es creer, eso es integridad espiritual.

***

El Ser Consciente disfruta de salud, dicha, felicidad plena y está alineado a su propósito de vida, trascendiendo a una sociedad profundamente sumergida en la ilusión.

No existen sociedades enfermas, existen estados conciénciales en constante evolución en una gran obra de experimentación. El Ser Consciente se enfoca en brindar su mejor aporte en cada momento y así ayuda a elevar el estado conciencial de la humanidad. Sabe que todos somos uno, y que el uno es el Todo.

***

El Ser Consciente entiende que el miedo es el paso de la certidumbre a la incertidumbre. Es decir, pasar desde el ámbito en el que se mueve cómodamente hacia lo desconocido, lo que desestabiliza. El miedo asumido desde la conciencia lo moviliza a hacer cosas nuevas. Esto lo transforma en su aliado para que avance hacia su propósito.

***

La labor realizada pasa a un segundo lugar cuando el Ser Consciente se enfoca en el mensaje que se transmite a través de sí. Sabe muy bien que cada Ser libra su propia batalla interna, por ese motivo se dirige a lo real, le habla al alma, a la esencia divina que reside en todos. De esa manera, su mensaje llega profundamente al Ser, aunque las barreras del ego parezcan rechazarlo. Cuanto más elevado es su mensaje, más empodera y concientiza a quien lo recibe. El mensaje es energía y vibración que se expande y mejora la vida de todos los que toca, empezando por sí mismo como instrumento que lo manifiesta.

***

El Ser Consciente confía en que sus dones y talentos forman parte de un conjunto íntimo de herramientas, que la divinidad ha puesto a su disposición para que desarrolle su vida, y todo aquello que ha venido a dar, y a aprender.

Entonces, con total confianza, fluye hacia eso que le apasiona, y actúa considerando que Dios proveerá todo lo que necesite para cumplir ese propósito.

***

¿**P**or qué el ego es la causa de todos los males? ¿Cómo nace el ego? El Ser Consciente comprende que el ego es desconexión.

Este tiene su origen a partir de la primera sensación de miedo que provoca la desconexión con los planos sutiles y la gran conciencia superior, Dios. Tal sensación genera en el Ser —ya encarnado en este plano— su primer pensamiento en solitario: Yo. Ese Yo, fruto de una profunda sensación de soledad, es un pensamiento de separación porque ha olvidado su origen divino —esta es la principal condición para iniciar este juego llamado vida—, y se encuentra perdido en un mundo nuevo.

Entonces, pasamos del gran bienestar de un plano elevado a un plano físico muy denso. El cambio es realmente duro para el Ser. Si bien los primeros nueves meses trascurren en un ámbito sumamente placentero como es el seno de una madre, este también implica un gran cambio —de allí surge el sentido de supervivencia y autoprotección ante todo hecho de este plano—. Luego, todo lo que sigue lo es aún más porque se empiezan a sumar las creencias y los miedos heredados del clan familiar, y también todo lo colectivo, según época, región, país. Por este motivo, para el Ser Consciente, es tan importante trabajar en uno mismo para trascender el ego, volver a la esencia, y crecer en estados conciénciales.

***

El avance tecnológico, científico e intelectual ha dado "poder" y enormes herramientas al ser humano. Ahora ninguna de ellas brindará el acercamiento a la esencia que reside en nosotros. Este pseudo poder confunde bastante y nos hace creer que nosotros somos quienes logramos tales avances. También nos brinda una pseudo seguridad y autoestima. Ninguna de ellas será real hasta tanto el ser humano se enfoque en su parte esencial, el Ser. Más que nunca, la clave de esta era es generar soluciones integrales que consideren a la humanidad como un todo.

***

Muchas veces se culpa a la mente como la generadora de todos los males, sin comprender que la mente es pieza fundamental para transitar el camino. El Ser

Consciente entiende que la mente es un gran instrumento que debe ser dominado y utilizado para lo que realmente es buena: la conexión.

Al aquietar la mente, ésta empieza a ser guiada por la gran mente superior. Desde ese momento desaparecen los deseos mundanos que nos mantienen en la rueda de encarnación y muerte. Nos transformamos en seres integrales a la esencia divina que reside en nosotros. Ello nos encamina hacia la autorrealización en este plano ilusorio plagado de dualidades y confusión.

***

Solo la causa que existe detrás de la acción da origen al movimiento. ¿Sabes cuál es la causa que moviliza al Ser Consciente cada día en su accionar? Es una causa que no le pertenece y que trasciende este plano ilusorio. No pierde su tiempo porque sabe que una causa superficial no le dará libertad, liberación. El Ser Consciente reconoce su causa elevada, porque con seguridad la tiene. Para ello se embarca en un viaje interior de autoconocimiento bien profundo. Y cuando la encuentra, acciona sin esfuerzo con alma y corazón.

***

El Ser Consciente sabe que desde la mirada del alma no existen límites. Todo conflicto es resuelto, todo sueño es cumplido y toda meta es alcanzada.

***

El Ser Consciente no podría saber quién es sin antes reconocer la existencia de una gran conciencia superior, creador de todo lo que sus sentidos perciben, y también aquello que no. A partir de allí, inicia una búsqueda interior para conocer su potencial y misión de vida. Luego reconoce sus dones y talentos divinos que se le brindaron para tal misión, también todo aquello que necesita mejorar para llevarlo a cabo.

***

El servicio, las buenas obras —Karma Yoga— requiere de dos elementos claves: acción que genere bienestar a otros seres y, alma y corazón posados en la divinidad.

Un Ser que avanza en un camino de conciencia está, en todo momento, generando bienestar a sus semejantes, y considerando las formas porque en esta era el *"cómo se hace"* importa.

***

El apego no desaparece, se transforma. A medida que el Ser Consciente crece, se desapega de todo lo que corresponde al mundo ilusorio —roles, personajes, relaciones, bienes materiales, logros, etcétera—, y se apega a energías más elevadas, a lo divino. Transforma un apego falso en uno verdadero que trasciende este mundo ilusorio.

***

Ante el reconocimiento de una falta, hay dos caminos posibles. Repetirlo o, enmendarlo y trascenderlo. El Ser Consciente sabe que el discernimiento le permitirá elegir el más adecuado para su presente.

***

El Ser Consciente no depende de nada ni de nadie. Es un Ser libre de apegos y dependencias. Crea su propio camino hacia su propósito de vida que lo trasciende como persona.

***

En la vieja era de la motivación superficial se dice que la calidad de vida depende de la calidad de las relaciones. El Ser Consciente entiende que las relaciones solo son una extensión de su versión actual. Comprende que su calidad de vida depende de su trabajo interior, de su autoconocimiento, y que ello atraerá las relaciones adecuadas para tal estado vibracional.

***

El Ser Consciente debe seguir su camino como un guerrero de la luz. Su misión lo trasciende y lo inspira. Comprende que cumplir el desafío implica ir unos pasos más allá. Y sabe que allí le espera un Tener lleno de bondades y prosperidad que justifican toda su labor.

***

El Ser Consciente no sobrevive a cada suceso de su vida, por más doloroso que este parezca. El Ser Consciente sabe que todo lo que le sucede es preparación para el gran momento de su vida. No tiene control sobre ese gran momento, se manifestará por orden divino.

***

El rol que se asume en cada situación de la vida —padre, pareja, hijo, ciudadano, empleado, amigo— establece una especie de barrera que interfiere, y condiciona el análisis que hacemos de la vida. Entonces, para entender los mensajes que se nos presentan a diario, el Ser Consciente sale del rol y lo trasciende. Sino el apego al rol le puede jugar una mala pasada, y así no podría interpretar el verdadero significado de lo que sucede.

En general, tendemos a ver la foto de lo inmediatamente sucedido, y dejamos de ver, o analizar, la película completa. Todo análisis realizado, de esta manera, es incompleto.

***

El propósito de vida no puede ser inspirar a otros. Ese sería uno de los tantos efectos que podría generarse a partir de la causa. La clave está en la causa. Cuando centras tu propósito de vida en algo externo y aleatorio como un impredecible efecto resultado, entonces pierdes tu libertad. Allí donde pones expectativas, esperas un resultado. El Ser Consciente es libre de resultados y se centra en la causa que lo estimula cada día a accionar disciplinadamente.

***

El Ser Consciente no teme mostrar sus sombras y cicatrices. Honra cada una de estas porque forjaron al Ser que es hoy. No sabe de arrepentimientos, de bronca, de rencor, ni despechos. Abraza con amor y perdón su pasado porque así sana su presente y crea un futuro próspero y abundante. Logra equilibrio emocional sin tiempo.

***

Las bondades que nos ofrece la vida no se planean, simplemente suceden cuando actúas en consecuencia; primero trabajando en tu Ser, luego siendo un Ser en acción. Por último, sucederá la manifestación y emergerá el efecto de lo realizado, el Tener —Ser-Hacer-Tener—.

***

En este plano, la forma es necesaria para la expresión de la conciencia sin forma. De otra manera no podría manifestarse para su misión o propósito. Forma, o sin forma, son dualidades necesarias para la manifestación.

***

El Ser Consciente ve posibilidades porque permite ser guiado por su esencia. Si cortas una naranja y la exprimes, obtendrás jugo de naranja porque este se corresponde con su esencia. De igual manera, de una esencia almática y divina creada desde el amor, no podrá obtenerse situaciones diferentes. Toda situación que vive el Ser Consciente tiene detrás el amor. Inclusive aquellas que parezcan dolorosas.

***

Cuando el Ser Consciente se centra en ser integro —siente, piensa, dice y hace— con su misión de vida, no pasa desapercibido. Una luz universal brillará en su aura. Esa luz será percibida por sus semejantes y los inspirará a tomar la misma iniciativa con sus vidas. Proponte ser tan consciente —significa estar alineado con tu esencia— como puedas ser. Los saltos conciénciales en el mundo no se realizaron por las personas más inteligentes, se realizaron gracias a personas conscientes que cumplieron una misión de vida que los trascendía.

***

El Ser Consciente vive la conexión entre almas. Comparte su vida con otro Ser porque disfruta verlo feliz, sin importar hacia donde lo lleve su destino. Sabe que cada Ser está destinado a alcanzar la perfección. Todos llegarán a realizarlo. Eso es verdadero amor, el resto es enamoramiento del ser humano condicionado por el ego —posesión, apego, celos, miedos—.

***

Si a la mente del Ser Consciente llega determinada idea, entonces existe la posibilidad de lograrlo. El desafío es entender en quien debe transformarse para transitar la distancia entre lo imaginado y el hecho concretado.

Tal éxito se gesta en la causa e implicará transitar por zonas incomodas que son necesarias para crecer. Este tipo de éxito se gesta en la más profunda soledad. Cuando el Ser Consciente trabaja en su Ser. Cuando hace lo que debe hacer en su ámbito de responsabilidad —madruga, medita, imagina, crea, investiga, se capacita, planifica, ejecuta, prueba, modifica, se mantienes en equilibrio—.

***

A un maestro espiritual no se lo discute. Se lo honra con gratitud y amor. Luego se lo trasciende.

***

El Ser Consciente entiende que comparar su éxito personal con el de los demás corresponde a una mentalidad de escasez, propio de la vieja era. La identificación con su esencia abundante le permite saber que el éxito es solo personal y, siempre, con una mirada elevada porque al final del recorrido, el repaso de lo vivido y experimentado es entre tú y la conciencia superior, Dios.

***

El Universo está en constante evolución y requiere que todos los seres que lo conforman también lo hagan. Debido a ello, cuando el Ser Consciente atraviesa una crisis se pregunta: ¿A qué estoy aferrado y no quiero soltar? ¿Qué es lo que no quiero que cambie? ¿Qué es lo nuevo que no logro ver? ¿Qué es lo que no quiero aceptar o adaptarme?

Tiene en cuenta que cuanta más resistencia ponga para sostener una situación, y que no cambie, entonces más pesada será la fuerza del Universo por sacarlo de allí. Debe actuar sin esfuerzo, porque cuando hay esfuerzo hay ego —detrás de este hay miedo, dolor, y sufrimiento—.

***

La devoción por la esencia, de la cual somos parte, es lo que potencia cualquier instrumento en este plano de manifestaciones.

***

El nivel de vida del Ser Consciente se limita por la calidad del tiempo que pasa en soledad, por su imaginación para cocrear, y por el nivel de las preguntas que se hace. Toda duda en su proceso de sanación y crecimiento se desvanece cuando cree y conecta con la divinidad que reside dentro de sí.

***

El Ser Consciente sabe que todos, en este plano físico, somos interpretadores y habitamos un mundo de infinitas posibles interpretaciones, donde cada Ser lo hace desde su estado conciencial —o paradigma formado a partir de las emociones y creencias arraigadas en su inconsciente—.

Por este motivo, no existe la objetividad y el sentido común —que tantas veces reclamamos se cumpla en la sociedad—. Solo existen distintas interpretaciones de una misma realidad en base al estado conciencial de cada Ser.

***

El Ser Consciente sabe que sus anhelos más profundos no se manifestarán sin movimiento, sin dar el primer paso. En un Universo infinitamente abundante, todo ya está creado y esperando a que te muevas y lo tomes. Moverte es superar las barreras, autoimpuestas, que te impiden lograrlo. Movimiento es sinónimo de transformación; convertirte en quien debes Ser para alcanzarlos.

*****

En un mundo plagado de confusión y separación donde predominan las creencias del ser humano condicionado, la verdad absoluta solo puede ser percibida por el Ser Consciente. Su búsqueda interior y camino espiritual lo hacen incorruptible ante su esencia. Así como no se puede negar el aroma de una rosa una vez vivenciado, no se puede desentender la llamada del alma y el reconocimiento de la divinidad que reside dentro de sí. Esa verdad acompañará al Ser Consciente durante todo su trayecto y, entre tanta ilusión, le permitirá sortear las pruebas para alcanzar la unión, el yoga.

*****

El Ser Consciente es feliz independientemente de los que suceda a su alrededor, por más dolorosos que estos se presenten en el gran juego divino. Ha elegido y decretado ser feliz porque entiende las reglas del juego. Ello le permite vivir momentos angustiantes, luminosos, dolorosos, hermosos, con miedo, con amor, … y ante cada extremo situarse en medio, en el equilibrio. El Ser Consciente no se pierde en los extremos; sabe que allí encontrará experiencias temporales que enriquecen su Ser, pero la sabiduría está en mantenerse en el medio. Permanece en equilibrio.

*****

Alinearse a la verdad implica entregarse por completo y dejarse guiar porque los sentidos mundanos ya no serán de utilidad. El Ser Consciente permanece ciego, sordo y mudo ante la verdad.

Si no sabe estar ciego, aprenderá a percibir la luz. Si no sabe estar sordo, aprenderá a percibir el sonido divino. Si no sabe estar mudo, aprenderá del silencio.

De esta manera el Ser Consciente ha perdido toda noción del camino hacia el cual lo dirige la verdad. Solo puede estar presente en la verdad, y hacerlo en el aquí y ahora.

*****

El Ser Consciente se enfoca en lo interno, lo que está dentro de su ámbito de responsabilidad. No lidia con critica externas, sino que silencia las internas. No asume los temores de otros seres porque estos no hablan de sí. No cae en la ilusión de un mundo preparado para limitarlo y desmotivarlo, y se enfoca en tomar acción consciente y llevar a cabo el propósito de su vida.

***

Los cinco puntos cardinales del Ser Consciente:

- Sur —lo pasado—: Gratitud.
- Oste —el aquí—: Sanación.
- Este —el ahora—: Crecimiento.
- Norte —el futuro—: Liberación.
- Centro —el interior—: Equilibrio.

El Ser Consciente honra con amor y gratitud su pasado de esta y otras vidas. En el presente, en su aquí y ahora, asume su sanación y crecimiento sabiendo que así conectará con su misión de vida. De esta manera, se encamina hacia un futuro próspero y abundante que lo acercará a la integración con su fuente, a su liberación.

Para unir tal presente y futuro requiere una mirada hacia su centro, hacia su interior para lograr equilibrio y ecuanimidad ante las polaridades y los deseos de este plano.

***

¿Cómo obtiene el Ser Consciente información valiosa en un contexto tan amplio y complejo? La clave es: hacerse las preguntas correctas para obtener datos relevantes.

Los datos, por sí solos, son una gran verdad absoluta, independientemente del observador. Es información potencial hasta que es interpretada, mientras tanto no le dice demasiado. Cuando se hace preguntas entonces define patrones y le brinda un marco adecuado —alineado a su propósito, misión, y/o proyecto—, también la contextualiza y así obtiene información útil. Ahora, esta información se torna valiosa cuando la lleva a la práctica; así obtiene experiencia e inteligencia que se retroalimenta y no tiene manera de predecir cómo, cuándo, y dónde terminará.

Y aquí viene lo más importante del proceso: cuando dicha experiencia lo transforma entonces se produce un salto de conciencia y obtiene discernimiento divino que impacta profundamente en su Ser.

***

El Ser Consciente no desea que las situaciones que se le presenten sean más fáciles. Sabe que lo fácil es el efecto de la causa y se centra en esta. El Ser Consciente desea mayor discernimiento para convertirse en su posible mejor versión.

***

El Ser Consciente entiende que siempre tiene que haber una razón principal y de peso para justificar su acción. Esa razón tiene que estar alineada a la misión a emprender —totalmente ligada al propósito de vida—.

Puede haber muchas razones menores que parezcan importantes, pero la suma de todas ellas, con seguridad, no superarán el 20% de los buenos resultados —estas se llevarán el 80% de su tiempo y le darán un resultado muy pobre—.

El 80% de los resultados llegarán por esa única razón principal que justifique su accionar. Entonces, la clave es detectar cuál es esa razón que lo movilizará y potenciará los resultados.

***

Hay momentos en que la *"nada"* se vuelve *"algo"*. El Ser Consciente reconoce que eso siempre estuvo allí pero no lo veía, según su estado conciencial. Sabe que, si centra en su Ser, todo cambiará y se le revelará.

***

Le Fe genuina del Ser Consciente no entiende de necesidades. Sabe que a mayor Fe existe mayor revelación, manifestación y acercamiento a la verdad. Su Fe va acompañada de humildad, gratitud, devoción y amor hacia su fuente creadora, y libre de resultados.

***

El Ser Consciente sólo reconoce como válido el contenido que abarque un aprendizaje integral. Aquel que considere a cada uno de los estados que forman su Ser: espíritu, mente, emociones y cuerpo. Si no lo hace en forma integral, el aprendizaje es incompleto. Es lo único que lo llevará a tener nuevos hábitos, un nuevo contexto y una nueva comprensión de la realidad. Visión integral en todo.

***

El Ser Consciente entiende el saber es muy bueno, pero el saber discernir lo esencial llevará su vida al siguiente nivel.

***

¿**P**or qué el Ser Consciente busca el bienestar? Porque desde dónde viene eso es lo normal. La paz, la calma, la armonía, el bienestar, la integración, la compasión, la bondad, el amor. Todo el resto es lo anormal, lo antinatural.

***

El Ser Consciente no pierde su tiempo en competir. Busca caminos liberados para avanzar, o en su defecto los crea. Entiende que no es posible avanzar con la vista obstruida y que el discernimiento le brindará visibilidad del próximo paso y nuevas opciones.

Sabe que el camino puede parecer libre de impurezas, pero no se detiene porque son parte del juego. Si las ve a lo lejos las sabrá sortear; y si aparecen a los costados tendrá la flexibilidad necesaria para correrse sin morder la banquina y seguir manteniendo la visión del camino.

El Ser Consciente no permanecerá demasiado tiempo transitando por detrás de otro Ser en la vía lenta si tiene el permiso y la capacidad para viajar por la vía rápida; sabe que es peligroso para ambos. ¿Por qué? Porque no se tiene control de lo que realizará el otro mientras está recorriendo su propio camino. Es como ir manejando detrás de otro auto y de repente frena y dobla sin poner el guiño. El choque está asegurado.

También ante determinadas situaciones y trampas que ofrece el juego, entiende que debe accionar para avanzar. No se trata de un tema de competencia, sino de visibilidad. Aparecerán seres que solo se encargan de obstaculizar y plantear nuevos desafíos —todos necesarios para el aprendizaje—. Estos seres, todavía cubiertos con los velos propios de una mentalidad de escasez, compiten para obstaculizar y frenar el camino de otros seres más despiertos. Pero el Ser Consciente respeta y acepta a los obstaculizadores como parte del juego, mientras se abre a un costado y acelera. Puede brindar su ayuda, visión y amor, pero no ata su misión de vida a los tiempos del Ser que obstruye. Seguirá abriendo caminos que ayudarán a transitar de mejor manera el camino de otros seres que asi lo requieran.

El Ser Consciente integra y abre caminos nuevos. Acepta los caminos en buen estado que otro Ser Consciente ha dejado; entonces los lleva al siguiente nivel y los comparte para el bien de todos. Sabe que todos somos uno, y que cada uno, con sus tiempos, llegará al mismo destino.

***

Las preguntas que te haces y donde buscas las respuestas, asi como las soluciones, definen quién eres. Un verdadero ser espiritual, que ha iniciado un camino hacia la conciencia, busca las soluciones dentro. El Ser regido por lo mundano busca las soluciones en lo externo, la ilusión.

***

El Ser Consciente no cree en la reinvención, cree en el autodescubrimiento. Reinvención seria descubrir una nueva parte de sí que no sabía que existía, pero eso realmente siempre estuvo allí.

El proceso de autodescubrimiento solo es posible si asume con total convicción y amor un proceso de desarrollo personal integral —espíritu, mente, emociones y cuerpo—.

***

¿Cómo se sale de una crisis? El Ser Consciente responde: con valentía y nuevo aprendizaje. ¿Por qué valentía? Porque por cada paso que da, el Universo lo refuerza dando muchos más a su favor. Es su principal aliado. Ahora, si no da el primer paso, nada sucede. Para ello se requiere determinación y valentía ¿Por qué nuevo aprendizaje? Porque los problemas no se pueden resolver con el mismo nivel de conocimiento y de conciencia con el que fueron creados. Debe generar espacio eliminando lo no esencial —lo que ya no sirve—.

***

El Ser Consciente sabe que la verdadera fuerza interna emerge cuando conecta con su esencia y se brinda a un propósito de vida que lo trasciende. Ello surgirá cuando se reconoce como un Ser que forma parte de una conciencia superior y acalla el ego; entonces asi comprende que el propósito no le corresponde, pero se manifiesta a través de sí. En ese instante asume su principal responsabilidad en la vida: llevar a cabo una misión divina.

***

En medio de tanta información que tiende a confundir, el Ser Consciente da con la información adecuada que necesita para su proceso de sanación y crecimiento. Logra localizar el detalle adecuado como se localiza una aguja en un pajar. ¿Qué es lo que hace para lograrlo? Conecta con la voz de su alma y se deja guiar por ella. Asi pues, logra abstraerse en una visión más elevada de su vieja realidad para observar y discernir desde el siguiente estado conciencial. El alma guía, ... mente y corazón están al servicio.

***

Tendemos a cuestionar todo desde la ignorancia que provoca el mundo ilusorio, lo cual hace complejo nuestro entendimiento de la verdad. Ahora, a medida que un Ser Consciente avanza en su camino, minimiza los cuestionamientos y las dudas, porque no puede negar su sentir espiritual. Su vida se torna más simple y se enfoca en vivenciar la magnificencia que ha experimentado, aunque sea brevemente. Sabe que tiene mucho por avanzar en esa senda y solo lo esperan más vivencias similares que potencien la experiencia de esa verdad.

Mientras las superficialidades del mundo ilusorio son todas cuestionables, a la verdad absoluta no se la cuestiona.

***

Todo es Dios. No existe algo que no lo sea. El Ser Consciente considera a la espiritualidad como el proceso de aceptación de Dios en su vida y con el cual está unido desde siempre. Asume que es un átomo de la gran energía que es Dios.

Asi como el principio y fin del Universo es expandirse, dicho proceso de aceptación provoca la expansión. Ello requiere olvidarlo todo para experimentar en un plano más denso energéticamente y saltear todas las barreras de baja energía para llegar a la fusionarse nuevamente con esa gran energía que reside en su interior y de la cual emana su origen.

***

El lamento no es permitido para el Ser Consciente. Cada paso dado, parezca un acierto o un tropiezo, encubre detrás una gran victoria. Si la pudiera ver anticipadamente no entendería el verdadero aprendizaje que reside en el proceso. La intuición que emana del alma lo guiara a través del proceso. Esta no asegura que se realice velozmente. El factor tiempo depende de muchas variables que están fuera de su ámbito de responsabilidad.
Por ese motivo, el Ser Consciente avanza sin prisa, pero sin pausa sabiendo que la clave está en el proceso, y que el final queda abierto, y supeditado, al efecto divino de la sorpresa.

***

El Ser Consciente sabe muy bien que su propósito de vida no es la profesión que asume diariamente en el ámbito laboral. Su propósito de vida está relacionado al mensaje que brinda y que lo trasciende.

La profesión simplemente será uno de los tantos instrumentos o medios para hacerlo. El propósito de vida incluye a todos los ámbitos de la vida, aunque algunos puedan pesar más que otros, según su plan prenatal de encarnación.

***

Todo Ser Consciente tiene una meta con un gran *"por qué"* detrás que lo sustenta, de lo contrario no podría perdurar en el tiempo. El *"por qué"* es la misión del alma y esta voz interior se lo hará saber cuándo esté preparado.

La meta puede lograrse a partir de aplicar una o varias técnicas, pero estas son únicamente herramientas o instrumentos para cumplir la meta y llegar al *"por qué"*. La técnica requiere disciplina y esta se sustenta en el *"por qué"*. El poder del *"por qué"* incita todo su accionar.

El Ser Consciente no confunde la técnica con la meta. La técnica le sirve para el día a día, para el corto plazo. La meta lo mantiene focalizado y direccionado en el largo plazo.

El poder de la mente impacta notablemente en el día a día, y según el grado de control sobre esta, puede incidir en la concreción de la técnica que es vital para llegar a la meta. Cada paso diario suma en el logro de la meta. Por ello es tan importante, aplicar técnicas que dominen la mente —meditación— y no interfiera de manera negativa.

La meta es de largo plazo y, para ello, se requiere mucho amor y corazón abierto para sentir la misión del alma, su *"por qué"*, y prevalecer en el largo plazo.

Toda técnica pasa a ser irrelevante cuando comprende que la clave está en un *"por qué"* elevado, que lo trasciende.

***

El Ser Consciente sabe que tener orden y equilibrio también significa cerrar los ciclos o los temas pendientes. Todo ciclo no cerrado vuelve a aparecer en otro momento y de esa manera no es posible avanzar.

Ve la vida con una mirada más elevada que la situación actual, entonces cuando se le presenta una situación conocida y la reconoce —a través del discernimiento—, tiene libre albedrio para actuar: decide trascenderlo, y no repetirlo.

Entiende que venimos a repetir el pasado de otras vidas hasta tanto hayamos aprendido la lección.

***

El pasado existió cuando fue presente. El Ser Consciente no vive en el pasado. Sabe interpretar su pasado a partir de crecer en el presente. Un mayor discernimiento le permite entenderlo, liberarlo con amor, y así trascenderlo.

El Ser Consciente sabe que el futuro es una alternativa posible según el presente que esta cocreando. Todo acto de hoy impactará en el futuro. También sabe que un accionar consciente le deparará un futuro en unión con su origen. No sabe, ni le importa, el cuándo, pero si sabe que es inevitable tal desenlace.

*****

Lo fácil, o lo difícil, forma parte de las polaridades de este plano. Para el Ser Consciente no existe fácil o difícil. Simplemente es.

Cuando existe plena fe y convicción en la esencia espiritual, desaparece toda duda. Es allí donde emerge el coraje, la perseverancia, la motivación, la pasión, la disciplina, la energía, todo.

*****

El Ser Consciente no puede guardarse para si su luz. Ese poder divino se le ha otorgado para iluminar a todos por igual sin distinción alguna.

*****

El Ser Consciente considera que todo es energía y vibración en distintos niveles. Y el mundo, es un mundo de posibilidades según su vibración. Por lo cual observa algunos factores propios y otros de su entorno, porque impactarán en su energía vital y aquello que atrae.

Respecto a los elementos externos, o de su entorno, considera todo lo relacionado a la generación de energías positivas que influyen en su estado de bienestar para atraer la abundancia. Algunos ejemplos son la alimentación consciente, el Feng Shui, la meditación, las afirmaciones o decretos para mejorar los estados de merecimiento, los cuadros de visión, entre tantos otros.

Anualmente hace una renovación en su hogar, ordena y se liberarse de todo aquello que ya no usa. Este es proceso rejuvenecedor y hace que las buenas energías empiecen a fluir. Entiende que todo es energía, entonces no elimina objetos, ... elimina o libera energías que estaban estancadas.

Te preguntarás ¿Por qué debe reordenar y aplicar Feng Shui? Porque según el *"Principio Universal de Correspondencia: Como es adentro es afuera; como es afuera es adentro"* todo lo que sucede a tu alrededor habla de ti.

*****

¿Por qué el Ser Consciente debe elevar su estado vibracional? Porque de lo contrario no podrá experimentar nuevas alternativas y no se manifestará aquello que desea.

En un Universo en constante movimiento, todo Ser Consciente debe dar el primer paso para que algo nuevo surja. Abrir espacio para que ingrese nuevo contenido, nuevo alimento para el Ser. Sabe que desde un nuevo lugar podrá ver otras opciones que antes eran imposibles, y así destrabar aquello que lo paralizaba. Esta es la clave que utiliza todo Ser Consciente para alcanzar aquello que desea. Porque si no vibra al mismo nivel de lo que desea, entonces no lo podrá alcanzar.

***

El Ser Consciente sabe que todas las situaciones que le suceden son positivas y sirven para crecer. El Ser tiene una característica muy interesante: se nutre de todas las experiencias y, a partir de esto, expande la conciencia. Eso potencia uno de los principales activos que tiene: la capacidad de discernir y cuestionarse a sí mismo. Preguntarse por todos sus actos, pensamientos y creencias, poner a prueba las verdades arraigadas en la sociedad; y a partir del discernimiento consciente, definir la felicidad y el logro de libertades individuales. Ahora bien, nada de eso será posible si no considera a la vida con una visión totalizadora.

Una visión del Todo es la clave para mejorar su vida, y hacerlo desde una base genuina que produzca cambios reales y duraderos. El secreto está en tener una visión holística e integradora de su vida —considerando cada uno de los aspectos que la forman—, así como reconocer su esencia espiritual integrada a una gran conciencia universal creadora de todo lo que sus sentidos logran percibir —y también aquello que no—.

***

El Ser Consciente no termina las relaciones, las suspende. ¿Por qué suspender? Porque al igual que ocurre en el Universo, nada termina. Entonces allí es donde toma relevancia el cómo se realiza la suspensión. Si es desde el amor y la gratitud entonces se libera de todo karma negativo y ello permitirá que cada Ser siga su camino de sanación y crecimiento sin ataduras o dependencias energéticas que los condicionen.

Todo Ser puede crecer y expandir su conciencia, lo cual abrirá una nueva puerta energética —en esta u otra vida— desde un lugar más elevado donde no existan criticas ni ofensas. Un lugar donde ambos seres puedan empoderarse. Mientras el proceso sucede, el Ser Consciente sigue su camino.

***

El Ser Consciente sabe que las sombras están, pero permanece de cara al sol. Solo considera válidas aquellas alternativas en las que hay luz, y entonces empieza a ver más luces. No desconoce la existencia de sombras, sino que las trasciende. Toma lo mejor de esa sombra y vive el dolor sabiendo que es una oportunidad de transformación —de crear una mejor versión de sí mismo—.

A diferencia de un péndulo que va de un extremo a otro, debe lograr equilibrio. Entiende que cuando hay orden y equilibrio, los *"problemas"* desaparecen o se minimizan. Todo fluye maravillosamente. Hay energía, vitalidad, creatividad, aparecen personas afines a esas mismas emociones. Cuando está en desorden, esta con baja vibración y energía, así que atraerá todo lo malo que ese estado vibracional genera.

***

El Ser Consciente aprendió que lo que ya no es válido en su camino, se suelta con amor porque ayer sirvió a la causa, y desde ahora no lo será porque ha crecido y se aproxima una nueva etapa en su vida.
Tambien aprendió que lo que molesta no se debe evitar, se lo debe trascender con aprendizaje hasta que no moleste más.

***

El Ser Consciente entiende que el miedo y la incertidumbre están relacionados. Si acepta la incertidumbre el miedo se disipa.

***

Una mente enredada y confundida no puede discernir, menos aún tomar buenas decisiones. En cambio, una mente controlada logra claridad, discernimiento. Para ello es tan necesario meditar.

Meditar es mucho más que cerrar los ojos. Meditar es conectar con Dios y hacerlo con total amor y devoción, empezando por cada respiración. Esa es la verdadera meditación que genera cambios genuinos e impacta en el Ser. La práctica de Kriya Yoga se trata justamente de ello. Las prácticas de Hatha Yoga o cualquier otro tipo de Yoga, realizado con plena conciencia y amor, también nos acerca a esa sensación.

El solo hecho de cerrar los ojos y centrarse por unos 5 a 10 minutos es un gran paso para el principiante que siente adentrarse a la introspección. Ahora las técnicas de autocontrol de la mente no alcanzan. Deben ir un paso más allá. Meditar para conectar con la gran conciencia superior, Dios. Control de la mente sin Dios es propio del ser humano condicionado y de la espiritualidad mediática y superficial —energéticamente es de baja vibración e impacto en el Ser—.

Pranayamas, trabajo en columna, quietud de la mente, devoción y amor por Dios en cada movimiento y respiración —sin límites automatizados de tiempo— es una meditación completa y sincera, propia del Ser Consciente.

***

El Ser Consciente sabe que su tiempo es un gran recurso de este plano material que debe saber optimizar y aprovechar. ¿Por qué? Porque es un instrumento valioso para llevar a cabo el propósito de vida. Encontrarlo y llevarlo a cabo requerirá de tiempo muy bien administrado.

***

Creemos estar separados de todo, pero la separación es solo una ilusión. Todos estamos conectados en el mismo campo de luz que es el Universo. El ego es el que crea la separación, el aislamiento. El Ser nunca está separado. En el inicio esta adormecido porque la mente regida por el ego limita su percepción hacia el despertar. Pero el velo del ego decrece proporcionalmente a medida que crece el despertar del Ser. ¿Por qué? Porque un Ser Consciente reconoce la fórmula y hace alquimia transformando lo malo en bueno. Le saca provecho consciente y aprendizaje a toda situación que se le presenta. Todo lo que ocurre nutre al Ser.

***

El Ser Consciente entiende que la arrogancia y el miedo frenan todo potencial, y que la verdadera autenticidad procede del Ser.

***

El Ser Consciente reconoce la existencia de un mundo abundante y no cree en la perdida. Pero también entiende que ante todo suceso doloroso tiene que haber un duelo. Ese duelo también impactará en su Ser y lo hará crecer. Pero, el duelo no puede ser permanente; tiene que trascenderlo y así resurgir con el aprendizaje enraizado en su Ser. Es aquí donde la fe en Dios juega un papel clave, y le ayudará a superarlo.

***

La capacidad de tomar las responsabilidades sobre las tareas más difíciles es un don divino que recibe el Ser Consciente. Ello le permitirá mostrar su mayor expresión de grandeza: humildad. Porque se reconoce un instrumento divino y lleva a cabo la misión para bien de todos.

***

El Ser Consciente cuida muy bien su vaso y lo mantiene semivacío. Siempre deja lugar para el saber. Entiende que el aprendizaje será hasta el último minuto de vida física porque dejar que el vaso se llene, por anticipado, es ponerse un límite.

***

En el Universo hay un orden y una perfección, que muchos seres no pueden percibir. ¿Por qué no pueden? Porque les falta desarrollar algunas de las perfecciones que poseen y quitarse otras tantas imperfecciones. Por ese motivo, el Ser Consciente sabe el remedio adecuado: trabaja en su Ser. Ello le permite expandir la conciencia y le otorga el poder del discernimiento divino.

Discernir le permitirá lograr ecuanimidad ante los polos opuestos. Aceptar por igual la victoria como la derrota, la ganancia como la perdida. Lograr equilibrio entre los extremos porque pertenecen al mundo de la ilusión. Si acepta esto su mente estará en calma. Tanto el placer como el dolor son transitorios, tienen un fin, no perduran porque forman parte de la ilusión. Realizado el aprendizaje desaparecen.

***

Todo nuevo proyecto inicia desde el final. El Ser Consciente proyecta el resultado con intención y gratitud asumiendo el resultado final como un hecho manifestado.

De lo macro pasa a lo micro descomponiendo cada parte en tareas realizables y acciona en consecuencia. La fe en la cocreación de la manifestación le otorga perseverancia y disciplina diaria que lo llevará a la concreción de la intención. El proceso le permitirá experimentar elevados principios que hasta el momento desconocía, los cuales potenciarán los siguientes proyectos. Cada nuevo emprendimiento retroalimenta su proceso de aprendizaje y la calidad de los productos y los servicios que brinda a la humanidad.

***

El trabajo interno —en el Ser— siempre antecede a la acción externa —el Hacer—. El primero es indispensable para avanzar en la vida. El segundo se torna menos relevante a medida que la conciencia crece porque la manifestación —el Tener— fluirá más armoniosamente. A mayor conciencia, menor es el esfuerzo, y mayor es el sincrodestino y la fluidez de la manifestación.

Este trabajo interno, que experimenta el Ser Consciente, es un proceso de transformación. Y como en todo proceso de transformación, las transiciones siempre son duras, pero luego viene el bienestar. Durante dichas transiciones trabaja en su Ser, lo que se reflejará en su Hacer. Al final, como resultado, vendrá el bienestar, el Tener.

***

¿**Q**ué es el éxito para el Ser Consciente? Es ser feliz con el propósito, y con el proceso de transformación interno que debe atravesar, para evolucionar en estados conciénciales. El aprendizaje obtenido durante el proceso perdura eternamente en su Ser.

Éxito también significa dar lo mejor de sí en cada momento, sin importar el resultado. Si algo no sale como espera, siempre hay oportunidad para observar, reaprender y mejorar, porque el Ser Consciente sabe que consigue lo que se es —en lo que se ha convertido— y no lo que se quiere.

Por eso motivo, el éxito es un proceso de reinvención continuo hacia su propósito. En ese sentido, cada logro o avance, en dirección a su propósito, merece ser celebrado porque ello alimenta su compromiso hacia él y, además, atrae más logros futuros.

Celebrar los logros no significa apegarse a ellos. Los logros son temporales. Son un regalo del Universo al proceso de transformación personal que el Ser Consciente ha emprendido con valentía para una etapa que acaba de culminar. No apegarse implica mantenerse abierto a lo nuevo que vendrá, y aceptar la vida como un proceso de mejora continua.

***

No tener claro el propósito, junto a los valores y principios que lo sustentan, puede provocar que la palabra éxito cambie su significado. Hay situaciones de la vida del Ser Consciente en que los seres queridos, o la sociedad, lo ubican en una posición muy alta o en una muy baja —o en ambos extremos en un lapso corto de tiempo—. Pero ¿Qué sucedió? En realidad, no estaba ni tan arriba, ni tan abajo. Simplemente estaba sanando y creciendo —expandiendo su Ser—. La etiqueta que le den forma parte del ámbito que está fuera de su control y no debería interesarle —en caso contrario el ego es quien rige su vida—. Así lo expresa el Bhagavad Gita[8]: *"Pelea por pelear, sin tomar en cuenta la felicidad ni la aflicción, la pérdida ni la ganancia, la victoria ni la derrota, y, por actuar así, nunca incurrirás en pecado"*.

Ante estas situaciones, su principal desafío es mantener el equilibrio. No darle lugar al ego para que se enorgullezca cuando lo ponen bien arriba, y tampoco que se enoje cuando sucede lo contrario. No es ninguno de ambos extremos. Debe ser equilibrio, expresado en humildad, amor y gratitud.

---

[8] Bhagavad Gita, Capítulo 2, verso 38.

¿Cómo persevera el Ser Consciente en equilibrio? Ello se logra con determinación y convicción hacia el propósito, los valores y los principios definidos para la vida —aunque los seres de su entorno no los comprendan—.

Los procesos de transformación personal suelen ser duros para el entorno, más aún si estos no han iniciado un proceso similar. Algunos seguirán otro camino y eso también forma parte del proceso. No existen culpables, simplemente es así. Algunos distanciamientos son inevitables y dejan un sabor amargo. Especialmente cuando está muy cerca de alcanzar los primeros resultados del viaje que ha decidido emprender con total convicción, y dicho entorno no logra comprender.

Pero el Ser consciente debe seguir su camino como un guerrero de la luz. Su misión lo trasciende y lo inspira. Sabe que cumplir el desafío implica ir unos pasos más allá. Y sabe que allí lo esperan los logros que justifican todo su trabajo. Algunos seres queridos que optaron por las críticas se acercarán nuevamente —los logros del Ser consciente dan seguridad a los inseguros—. Pero el Ser consciente aplica lo aprendido en párrafos anteriores. Sabe que no está ni tan arriba, y también sabe que nunca estuvo tan abajo. Simplemente estaba expandiendo su Ser y cumpliendo con su propósito. Entonces, los recibe con total humildad y amor, mientras continua su sendero.

***

El Ser Consciente no piensa, es pensado. Inicialmente es pensado y guiado por su inconsciente sometido por creencias limitantes, pero luego de su sanación y crecimiento espiritual empieza a ser guiado por su voz interior, el alma. A partir de allí, su mente empieza a ser guiada por la gran mente superior, y la magia se produce. Iluminación.

***

Todo acto es una construcción en los planos atemporales. Todo acto del Ser Consciente suma valor a su Ser más allá del tiempo. Todo acto del Ser Consciente suma al gran proceso de expansión universal y autoindagación de la fuente creadora.

***

¿Qué es la autorrealización? ¿Qué es la felicidad? ¿Qué es el placer? El Ser Consciente entiende que la autorrealización es un estado de plena conciencia en el que hay total control del Ser, de la mente y de todo lo que sucede en su entorno —y, principalmente, de cómo reacciona ante ello—.

La felicidad es un paso previo en el cual se logra total equilibrio y bienestar en todos los aspectos que hacen al Yo Soy.

El placer es temporal, y es percibido por los sentidos corporales durante un instante. Terminado, queda una buena sensación, o un grato recuerdo. En cambio, la felicidad plena es un estado que prevalece e impacta en el Ser. Trasciende varios planos dimensionales —y también impacta en futuras vidas a través del dharma y del karma—, encaminando la vida hacia la autorrealización.

Felicidad y autorrealización tienen que ver con uno mismo y no con otras personas. El trabajo siempre es personal y se refleja en el afuera. A su vez, ambos están íntimamente ligados al propósito de vida. El Ser Consciente viene a autorrealizarse, esa es la verdadera felicidad; por eso es tan importante conectar con su esencia y con su misión de vida.

***

El Ser Consciente utiliza una gran herramienta de sanación y crecimiento: el perdón. Este es el que le permite elevar su conciencia y mejorar en todos los aspectos de su vida, pero solo el perdón que va acompañado del amor.

El acto del perdón inicia un proceso de amor hacia sí mismo. Un amor consciente, lejos de toda posesión material y apegos corporales. Ese amor le permite contemplar la esencia que habita en sí mismo —reconocerse como un Ser Universal que forma parte de algo más grande que uno mismo—. Y ese reconocimiento, converge en el amor hacia otros, porque aparece el reconocimiento colectivo: todos somos uno. Todos somos parte de lo mismo. Uno con el todo.

El pasado no solo sirve para su aprendizaje, sino que también lo puede sanar en todo momento, y así generar nuevas realidades en el presente, que sin dudas impactarán en un nuevo futuro. El Ser Consciente sabe que no podrá avanzar en el camino de la conciencia sin una correcta comprensión, y una toma de conciencia de lo ocurrido en el pasado. Por esta razón, no renuncia al pasado: lo transforma. Su responsabilidad es aplicar la alquimia necesaria para transformar lo malo en bueno.

Mira hacia delante, pero habiendo antes aprendido y sanado el pasado. Habiendo llegado a esa instancia de comprensión logró establecer que el pasado y el futuro descansen sobre el presente —ha logrado equilibrio emocional sin tiempo—.

***

El Ser Consciente no reconoce jefes. Solo cree en causas y reconoce la afinidad con el líder que la encabeza. El líder es el mejor reflejo de la causa y por eso brinda lo mejor de sí a la causa.

***

El Ser Consciente no duda de la causa. Hay veces que tendrá que tomar decisiones trascendentales que alteren su presente, y el de su entorno, con el fin de una causa mayor que lo trasciende. Sabe que las decisiones más difíciles y trascendentales se toman en los momentos más dolorosos. Y ello requiere desapegarse de todo.

***

El Ser Consciente es un buscador del saber. Es un buscador de sí mismo y de la verdad absoluta. Sabe que aquel que busca y avanza en el camino de la conciencia, el Universo le brindará oportunidades en forma permanente que vendrán disfrazadas en forma de *"coincidencias"* y *"casualidades"*.

***

El inspirar a otros está muy relacionado a la actitud con que asume la vida el Ser Consciente. Esa actitud surge de forjar un espíritu indomable basado en valores, principios, propósito y conciencia. Cuando ellos están realmente definidos y arraigados en el Ser, entonces ninguna experiencia extrema lo altera.

***

¿Por qué el Ser Consciente volverá a empezar un nuevo ciclo evolutivo ante un nuevo desafío? Porque la solución siempre está un paso más allá del problema a resolver. Entonces se realizará las siguientes preguntas: ¿En quién debo convertirme para resolver este problema? ¿En qué estado de conciencia este problema no existe?

Cuando ese límite lo haga sentir incomodo entonces se detiene, medita, observa, reflexiona y vuelve a intentarlo desde otro estado más elevado. La solución que busca está en otro estado de conciencia. Para ello es necesario trabajar en su Ser y que vuelva a su eje, al equilibrio para tener otra visión de la situación. Una visión más elevada.

***

Habrá momentos en que será necesario degradarse para ir al equilibrio. Degradarse para el Ser Consciente no es ir a menos, significa acallar el ego para que trascienda el Ser y todo su potencial. Un paso atrás del ego, dos pasos adelante el Ser. Ganancia infinita que trasciende el tiempo.

*****

El Ser Consciente sabe que para crecer es necesario: soltar el pasado con amor, y tener una vida equilibrada. El crecimiento real es el que perdura durante toda la vida y que soporta tempestades —no se ve arrastrado bajo ningún suceso o circunstancia externa—.

El Ser Consciente sabe que puede tener pseudos crecimientos que le den confianza y levanten la autoestima. Ahora, estos serán crecimientos genuinos solo si la base sobre la que se forjaron soporta todo tipo de situación.

¿Cómo lo hace? El Ser Consciente realiza introspección profunda donde puede vivenciar situaciones extremas —la falta de un ser querido, de trabajo, de alimentos, de salud, de dinero, entre otras—. Ello le permitirá valorar más aquello que hoy tiene. Lo conectará más con su Ser, y lo llevará a una toma de conciencia que le permitirá valorar su presente, y todos los seres que lo rodean.

*****

El Ser Consciente no trata de cambiar el mundo, esa es una carga muy grande para cualquier mortal. Solo trata de aportar valor para dejar el mundo un poco mejor de lo que era. El mundo por si solo mejorará. No puede haber otro resultado cuando se da lo mejor de sí mismo para el bien colectivo.

*****

Pregunta elevada del Ser Consciente a su maestro: *"¿Qué debo hacer para no volver más?"* Respuesta de su maestro: *"Lo primero es aceptar esta realidad que has elegido y empezar a dar lo mejor de ti en cada ámbito de la vida. La posibilidad de no volver, o volver desde otro lugar más elevado, la tienen todos. Pero para ello hay que hacer méritos ante Dios. El principal mérito que Dios te pide es que seas tú en tu mejor versión. Tu máximo potencial al servicio de la humanidad. Que seas plenamente feliz y vivas una vida con sentido"*. Así que el Ser Consciente, sin más opciones a la vista, ¡pone manos a la obra!

*****

El Ser Consciente no es amigo de la zona de confort. Si bien esta le ofrezca momentos de *"tranquilidad"*, sabe que es una ilusión que solo dura hasta que siente incomodidad porque entiende que sus metas están fuera de allí. Ahí es cuando debe trascender esa zona y pasar a otra instancia. Parece un ciclo repetitivo el ir de la comodidad a la incomodidad, pero son ciclos necesarios para crecer.

***

El Ser Consciente sabe muy bien que, para potenciar sus proyectos, antes debe potenciar su Ser. Sus proyectos son su reflejo, su espejo, por lo tanto, trabaja en sí mismo y todo alrededor —proyectos incluidos— se potencia. El trabajo siempre es personal y luego se refleja en el afuera.

***

Hay momentos en la vida en que las cartas del juego, que recibe el Ser Consciente, son muy buenas. Es allí donde el desafío es saber administrarlas correctamente, y jugarlas muy bien, porque para alcanzar la perfección en la jugada final, cada carta vale.

***

No hay dualidad en los resultados. No hay resultados buenos o resultados frustrantes. Toda experiencia nutre al Ser.

***

El repetir es solo una posibilidad cuando no hubo aprendizaje. El Ser Consciente reconoce el aprendizaje que hay detrás de toda experiencia. Cada uno con sus tiempos y sus creencias lo sabrá entender y trascender. Para avanzar en las múltiples vidas —y asi acortar el ciclo de reencarnaciones y muertes— se requiere lograr sanación y crecimiento para adquirir discernimiento y asi trascender las repeticiones.

Al repetir no se cierra el ciclo de aprendizaje y no se da lugar a lo nuevo que vendrá.

***

El Ser Consciente comprende desde el amor y la compasión que los deseos mundanos corresponden a estados de conciencia más bajos. Estos están regidos por el ego que provoca un gran vacío existencial y genera la sensación de carencia de todo tipo. El ego es la fuente de todos los males y el gran obstáculo a superar. Como tal, el ego es el principal generador de *"problemas"* —aunque en realidad estos no existen, según el estado de conciencia—. El apego a los *"problemas"* bloquea todo crecimiento personal y espiritual. Significa mantenerse en la misma estructura mental que los creó y de la cual no se podrá salir sin una sana ambición de crecimiento, y sin el desarrollo enfocado en la expansión de la conciencia.

Mahatma Gandhi decía: *"La primera cualidad del camino espiritual es el coraje"*. Por ello el Ser Consciente toma el control de su vida, y lo hace con ideales y metas elevadas, basadas en la expansión de su conciencia. Esta es su principal tarea en la vida. Por añadidura vendrá todo el resto.

***

El Ser Consciente sabe que todo lo que le sucede es para ayudarlo, y que pueden aparecer situaciones que no sean muy gratas. Aceptó que se puede aprender tanto a través de un profundo acto de amor, así como del dolor. Ambos extremos sirven para despertar la conciencia. Tanto las adversidades como el amor son medios que el Universo utiliza para enseñarle y para realzar su fuerza interior.

***

El Ser Consciente encuentra el amor en todo lo que hace. Tiene una clara conexión con su Ser interior que lo guía en cada decisión, en cada acción. No controla lo que pasará porque sabe que nada se mantiene igual, y que lo más importante es moverse con flexibilidad ante lo que pasa.

Al hacer lo que ama se amiga con la incertidumbre y actúa en modo automático delegando la manifestación al poder de su voz interior.

***

Cobarde o valiente son etiquetas del ego que dividen. Todos somos parte de la misma esencia y cada uno está en su proceso, o estado conciencial, con sus tiempos y creencias limitantes. Al final del camino todos llegaremos al mismo lugar que dio origen a toda esta maravilla.

La valentía procede de un alma en un estado conciencial más elevado, y que ya transitó, en otras vidas, en estados conciénciales donde el temor era una opción. El Ser Consciente sabe que la diferencia entre cobardes y valientes es: tiempo.

***

No hay personas buenas o malas. El Ser Consciente sabe que cada uno hace lo mejor que puede según su estado de conciencia y el rol que ha decidido asumir en esta película que llamamos vida.

Todo es perfecto, tal cual sucede. Por ese motivo, solo se ocupa de que su acción diaria esté en sintonía con ayudar a elevar su conciencia y la de la humanidad. Es por lo único que tiene control. Lo que hace y lo que da al mundo.

***

Orgullo y conciencia no son compatibles. El Ser Consciente puede iniciar de nuevo en cualquier momento. Nunca es tarde para el Ser. Un simple paso de fe lo cambia todo. Cuando conecta nuevamente con su divinidad pasa a tener un punto de referencia en un mundo lleno de contradicciones.

***

Antes de inspirar a otros, el Ser Consciente labora en su inspiración —inspirado significa estar en espíritu—. No tiene control por la inspiración de otros. Cada Ser percibirá algo a partir de sentirlo en espíritu ya que la energía irradiada brinda bienestar y ¿Quién puede negarse a un poco de bienestar?

El trabajo siempre es personal y se manifiesta en el afuera.

***

El Ser Consciente observa detenidamente el contexto para comprender. Observa la película completa porque sabe que una sola escena no lo llevará a la verdad.

Muchas de las malas decisiones que se realizan en el mundo fenoménico se deben a no observar el contexto. Y justamente el contexto lo explica todo y muestra el porqué de la decisión realizada. Ver el contexto es similar a ver el bosque y no dejarse tapar por el árbol.

Comprender el contexto y entender la decisión, no la justifica, pero si le permite entenderla para luego ofrecer soluciones superadoras.

***

El Ser Consciente está en estado de observación constante para entender el origen de su pensamiento y posterior accionar —el Ser o el ego—.

Todo acto enfocado en dar servicio, sin expectativas, viene del Ser —corresponde a una conciencia sin ego—. Por otro lado, todo acto que tiene una necesidad o intención detrás se origina en una carencia —allí interviene el ego—.

***

El Ser Consciente cultiva su esencia divina para que irradie más luz en todo momento. Respeta la vida de todo lo que existe en el mundo. No cambia ni controla a los otros porque sabe que lo único que puede cambiar es su forma de verlos.

Derrama incondicionalmente su sabiduría espiritual y les habla a su Ser aceptando lo que son y lo mejor que pueden ser según su estado conciencial. Los observa sin juzgarlos, pero atento a si en su accionar encuentra algún reflejo propio —espejo—.

Todo Ser que llega a su vida es un maestro entonces con humildad lo observa, lo reconoce, lo agradece y lo libera con amor por el aprendizaje obtenido. Todo es aprendizaje.

*****

El Ser Consciente entiende que deseo y conciencia siempre van juntos. Ambos están relacionados y los deseos son diferentes según el estado de conciencia. A mayor conciencia, deseos más conscientes y elevados —de autorrealización—. A su vez, a mayor conciencia mayor velocidad de manifestación de los deseos.

*****

Cualquiera sea la tarea que vaya a realizar el Ser Consciente para su propósito, necesita disciplina, convicción y amor. Sin esas cualidades no alcanzará el éxito en el ámbito que se proponga.

La disciplina viene de ser un discípulo del propósito de vida. La convicción se relaciona con los valores y principios, también con la voluntad y la perseverancia. El amor es el que abre puertas y da el toque mágico a todo lo anterior —en unión con la conciencia más profunda de su Ser—.

Ahora, para lograr perfección con el propósito se requiere de un elemento clave. Tiene que estar en estado de unidad y equilibrio con todo su Ser: espíritu, mente, emociones y cuerpo.

*****

El mundo del Ser Consciente cambia cuando expande su observación. El anhelo universal de expansión es una energía innata que trae el Ser desde su concepción divina. Todo cambia. Todo está en movimiento. El Ser Consciente abraza los cambios y expande su conciencia.

*****

Todos somos exitosos. Hay quienes lo son al manifestar metas elevadas como salud, prosperidad, abundancia, y otros lo son atrayendo sufrimiento, dolor y escasez a su vida. El Universo no diferencia lo *"bueno"* de lo *"malo"* —el ego es el único que los diferencia—.

Ambos perfiles de personas administran energía. Solo se diferencian hacia dónde y cómo lo hacen, y el por qué lo hacen. ¿Cómo crees que administra su energía un Ser Consciente?

***

El Ser Consciente sabe que, con cada salto cuántico, se verá inmerso en una nueva realidad. Pero, en realidad, todo está allí dentro de sí. Todo lo que será en esta vida ya lo tiene disponible. Lo que ocurre es que la realidad visible es lo que su conciencia actual le permite ver. Al expandir la conciencia, esa realidad cambia.

***

El Ser Consciente ante una elección no elije la más fácil, elige la que le permita crecer y desarrollar sus dones y talentos.

***

El pensamiento positivo por sí solo no alcanza, hay que ir más allá. El Ser Consciente se hace preguntas y asi activa la sanación. Solo a partir de las preguntas llegarán las respuestas que su Ser necesita para avanzar en el camino.

***

El Ser Consciente sabe que su propia experiencia interior le permitirá entender que es un ser espiritual, que existe algo más grande que todo lo que sus sentidos perciben en este plano físico. Esa toma de conciencia será el principal motor que movilizará todos sus actos, y comenzará a comprender que proviene de un Universo donde hay inteligencia e intención. También hay orden y voluntad, que se expresan en las situaciones que se le presentan a diario. Situaciones que, por más dolorosas que parezcan, sirven para su crecimiento.

***

El Ser Consciente no se centra en estudiar a su oponente porque el este es una ilusión creada por el ego. Entiende que estudiarlo es entrar en su juego —el juego del ego—. El Ser Consciente se centra en mejorar y potenciar sus capacidades sin una mirada competitiva sobre otro Ser. Si tiene que competir lo hace con sus propias herramientas aprendiendo de sus maestros y guías, pero nunca de quien será su contrincante.

***

El Ser Consciente es un Ser integrador. Sabe que ha venido a integrar experiencias de esta y otras vidas. Y que toda acción, por pequeña que sea, lo define.

Cuando actúa desde la conciencia, no se trata de lo que es, sino de todo lo que puede llegar a ser, y no tiene manera de dimensionar en el ahora. Esas metas que parecen tan lejanas requieren de pequeños actos diarios, que suman a ese propósito que será concretado en el futuro. Pueden parecer hechos con poca importancia, pero tienen grandes efectos, y transforman la conciencia colectiva de la humanidad.

***

El Ser Consciente no se defiende de lo que otros digan. Si le ofrecen un regalo y no lo acepta ¿A quién crees que le pertenece el regalo?

Si trata de defenderse de lo que otros digan estaría reaccionando desde el ego y estaría desperdiciando su energía y su atención hacia lo que otros digan.

El Ser Consciente entiende que el silencio es una gran muestra de sabiduría. Sabe que no tiene que convencer a nadie y se centra en hablar a través de su obra.

Hablar es muy fácil y cualquiera puede hacerlo. Ser íntegro —sentir, pensar, decir y hacer de una misma manera—, solo el Ser Consciente.

***

El Ser Consciente reconoce las sombras en sí mismo y en sus pares. Aunque las sombras condicionen las relaciones, puede convivir con estas hasta que existan acciones mal intencionadas y se sobrepasen los valores y principios que ha establecido para su vida.

Entiende que muchos seres de luz se ven opacados en su brillo por sus sombras. Entonces los ayuda desde la luz, sin complacer las sombras del otro. El Ser Consciente ofrece ayuda desde la luz porque sabe que la luz trasciende la oscuridad. Comprende las sombras, pero no las fomenta en los otros.

***

El Ser Consciente sabe que todo confluye hacia el propósito, incluso la planificación que realiza, porque planificar es crear, decretar. Y toda creación consciente —libre de ego— proviene de la parte más profunda de su Ser, la que se relaciona con su esencia universal. Planificación inspirada.

Por lo tanto, está bien tener un plan; y es muy importante fluir, entender las señales y saber adaptarlo a medida que el contexto cambia. Una combinación equilibrada entre plan, fluidez, observación y adaptación siempre es necesaria.

***

El Ser Consciente es un instrumento al servicio de un mensaje elevado que lo trasciende. Eso lo lleva a formar equipos con mentalidad de abundancia y que replican el mensaje para que se expanda, manteniendo la esencia que le dio su origen.

***

El Ser Consciente escucha a su sabio interior. Ese sabio interior, no intelectual, es el Ser. Sabe que aquel que trabaje en su Ser se transforma en sabio y construye la base de todo logro futuro. No puede ser de otra manera. Sin bases firmes no se crece. Un edificio requiere bases firmes para soportar los vientos y tempestades que suceden fuera. De igual manera un árbol. De igual manera sucede en la vida.

***

Tendemos a no disfrutar del proceso y a distraernos con el resultado. Cuando en realidad, no hay que buscar el resultado sino vivir la experiencia para entender el proceso. Allí radica el verdadero aprendizaje del Ser Consciente. Para ello, es necesario comprender que nada real sucede si antes no trabaja en su Ser.

En todo proceso de transición, siempre hay ganancias; aunque el ego nos hace creer que también hay pérdidas. Si ese proceso lo acompañamos con desarrollo del Ser, entonces la conciencia crece y se expande. Una conciencia expandida no entiende de pérdidas. Solo ve ganancias porque a mayor conciencia menor es el apego y el ego.

***

El Ser Consciente sabe que la experiencia no puede ser expresada en palabras. Es un estado que se alcanza y se vive a partir de una acción. Todo conocimiento que llega desde un medio externo —un libro, un curso, un consejo— solo es información. Esa información solo se vuelve completa cuando lo vivencia —toma acción y vive la experiencia—. Y la toma de conciencia se produce cuando la experiencia lo transforma. Es una nueva versión de sí mismo. Ha trascendido aquello que lo mantenía en la vieja versión y pasa a ser mejor de lo que era. Ahora es un Ser que ha evolucionado hacia la conciencia superior. Y desde ese estado totalmente nuevo empieza a conocer y descubrir aquellas cualidades que no sabía que tenía. Entonces, todo a su alrededor mejora e inicia un nuevo proceso evolutivo. Un espiral ascendente que no tiene límites —salvo aquellos que por libre albedrio decida establecer—.

***

El Ser Consciente define valores y principios de vida elevados basados en la ética y la conciencia. Sabe que estos generan el marco adecuado para focalizar y avanzar en su camino porque cuanto más indefinido se está en lo que se quiere ser y hacer, mayor es la interferencia de los factores externos para alejarlo de su potencial.

En el mundo de hoy estamos más influenciados que informados. La influencia puede ser tanto exterior como desde el interior con las creencias limitantes. Muchos creen estar informados, pero no es asi. Por este motivo, la persistencia enfocada en el propósito de vida junto al marco adecuado de valores y principios de vida le garantiza al Ser Consciente que los resultados sean inevitables.

***

El Ser Consciente entiende que las barreras han sido creadas por la mente condicionada del ser humano. También sabe que Dios le ha dado la oportunidad de jugar en su mundo, con ciertas limitaciones a trascender, pero con un potencial cósmico sin igual. Las divisiones corresponden al ser humano; la integración y la expansión al Ser.

***

Si deseas ser exitoso para ser feliz, debes saber que lo buscas en algo externo y que, si estás apegado a ello, podrías sufrir mucho. Más allá de que el éxito te provoque una sensación de calma y placer, si lo buscas fuera, no es real. En algún momento desaparecerá.

Por este motivo, el Ser Consciente aplica la Ley Universal de Causa y Efecto. Ve el éxito como el efecto resultado de un proceso transformador interno —causa—. Únicamente la causa está bajo su control, no así el efecto resultado. Por eso mismo, si enfoca su hacer desde la causa, que es el verdadero motor que lo moviliza a hacerlo, estará en sincronía con su esencia creativa y podrá disfrutar del proceso. Seguramente, después llegará el resultado, pero será consecuencia de lo realizado previamente.

Tener expectativas o enfocarse en el resultado sin entender el proceso puede generar frustración y también un falso bienestar.

***

El Ser Consciente sabe que para aceptar una creencia superadora se requiere de un nuevo Yo —crecimiento—. El *"Viejo Yo"* no acepta creencias nuevas. El *"Nuevo Yo, consciente"* requiere aceptación de lo que no se tiene, y mucha humildad para callar el ego.

***

¿Cómo un Ser Consciente conoce a Dios? Yendo a su interior y viviendo en plena conciencia con cada acto. Haciendo un trabajo de autoconocimiento que lo acerque a su Ser. Eso es Dios en cada uno de nosotros. Entonces, el experimentarlo pasa a ser su única tarea. Para ello dispone de muchos instrumentos como la meditación, el Hatha Yoga, la acción desinteresada, la búsqueda del propósito, el llevar una vida con sentido.

***

Asi como una flecha puede ser lanzada jalándola hacia atrás, el Ser Consciente sabe que cuando se presenta una situación inesperada es porque se vienen cambios y ese falso retroceso, que parece ser un paso hacia atrás, lo impulsará varios pasos hacia delante; lo impulsará hacia un estado nuevo que no tiene manera de predecir. La incertidumbre ya es parte de su camino, asi que como una flecha permite ser jalada hacia atrás con fuerza y se predispone a iniciar la nueva etapa del viaje. Confianza divina.

***

El Ser Consciente sabe que la felicidad solo la podrá encontrar en su interior. En el trabajo de autoconocimiento que debe realizar con su Ser. Y desde allí se expresará hacia el afuera, se reflejará en los actos que realice, y en la vida que decida tener.

Entiende que una vida con sentido, con propósito y consciente le permitirá encontrar más y mejores oportunidades que se traduzcan en un verdadero bienestar, y que a partir de allí pueda desarrollar felicidad plena en cada uno de los aspectos de su vida.

***

Al Ser Consciente, guiado por el alma, le sienta bien funcionar sobre la posibilidad de todas las cosas. El Ser Consciente emplea herramientas sutiles que le son brindadas por gracias divina. El Ser Consciente es soñador, visionario, imaginativo, creativo, innovador, y con un poder ilimitado como su fuente. Todas estas cualidades se potencian a medida que la conexión con su esencia crece desde el amor y la devoción.

***

El Ser Consciente acepta que las crisis son una condición necesaria para avanzar en la vida. Esos momentos oscuros son necesarios para que la luz pueda proyectarse y brillar. Según el *"Principio Universal de Polaridad: todo tiene dos polos"*. En este caso, oscuridad y luz son polaridades de una misma causa que es: Crecer. A medida que su crecimiento se fortalece y su conciencia se expande, deja de ser el péndulo que va de un extremo al otro: tiende al equilibrio. Entonces, se torna un ser íntegro —hay coherencia con la esencia del Ser y su propósito—. Se encamina hacia la trascendencia y la autorrealización.

***

El Ser Consciente alcanza un alto umbral de virtuosismo a partir de la persistencia. Sabe que las situaciones más complejas a resolver son las más valiosas para su Ser. Esto lo mantiene al frente en su causa, especialmente en los momentos más duros del camino.

Sabe que en esos momentos es donde se requiere una fuerza de voluntad excepcional porque la meta esta unos pasos más allá. Es como subir a la cima de la montaña y pensar en abandonar estando a pocos metros. Eso no es una opción. Siempre que se enfrente a una elección trascendental, optara por la que lo haga crecer más, desarrollar sus dones y talentos, y expandir su conciencia.

La gloria requiere de disciplina, voluntad y persistencia —todas sustentadas en el propósito de vida—. Estos son músculos sutiles que se fortalecen con cada prueba superada, e incrementan notablemente un gran motor para el Ser: la autoestima —el amor propio—. Y esta es esencial para lograr la gran meta de la vida: la felicidad plena e integral del Ser.

***

¿Qué es la espiritualidad para el Ser Consciente? ¿Qué significa ser espiritual? Significa lograr la unidad dentro de la diversidad. Reconocer la conciencia universal en todo ser vivo y que, en este plano del hacer, todos sus actos sean realizados desde ese convencimiento. Ello permitirá conocerse a sí mismo, y permanecer en equilibrio mientras transita la vida en este plano lleno de dualidades.

***

El propósito de vida es un legado que trasciende el tiempo. Cuando el Ser Consciente encuentra su propósito, este dura toda la vida, y cada tarea diaria se direcciona hacia él.

En muchos casos el propósito trasciende la vida física de quien lo inicia. Entonces, aparecen seres con el mismo propósito que lo adoptan como propio y lo continúan. También seguidores que, con el paso del tiempo, lo transforman en una filosofía de vida. En estos casos, se produce un fenómeno de mente unificada hacia un mismo propósito, en el cual pueden ayudarse como grupo familiar, profesional, social, ciudadanos de un país y, sobre todo, como seres humanos. Aquel grupo que lo asuma con convicción, grandeza y conciencia, experimentará un punto alto de vibración y energía que se verá reflejado en bienestar, y abundancia, en todos los aspectos de su vida.

***

No existe falta de tiempo para la concreción del propósito. Cuando el Ser Consciente da con su propósito, el tiempo aparece y no se desperdicia en cosas superfluas. Sabe que lo que hace con su tiempo determinará su vida.

¿Por qué? Porque no debe haber alivio más grande para el Ser Consciente que encontrar su propósito, y empezar a ser lo que se es. Todo lo demás queda como algo efímero. Alinearse al propósito tiene que ver con ser verdaderamente íntegro y auténtico con sí mismo, y su esencia. Reencontrarse con el verdadero motivo que originó su llegada a este plano.

***

Las victorias más importantes del Ser Consciente son las que libra cada día cuando desarrolla su Ser durante las primeras horas de la mañana, antes del amanecer, y en la más profunda soledad.

Son horas milagrosas que no debe delegar en nadie. Son momentos de expansión conciencial que definirán todo el resto del día, y la suma de todos ellos definirán su vida.

***

Aplicando la ley de causa y efecto, quién se enfoque en los efectos vivirá en la ilusión. Quién se enfoque en las causas encontrará la verdad.

***

El Ser Consciente aplica el principio universal de SER → HACER → TENER. Trabaja en su Ser para transformar sus creencias, pensamientos, valores, principios, y expandir su conciencia → Sirve desde el alma, actúa con inspiración y perseverancia respetando su Ser consciente → Fluye y disfruta lo que llegue a su vida, porque es el resultado de su Hacer consciente —un resultado genuino y real—.

Sabe que su principal responsabilidad es trabajar en su Ser, para luego ser un Ser en acción. Trabajar en el Ser le asegura la base que sustenta todo logro futuro. Es inalterable. Nunca cede ante las distintas opciones que atenten su camino. Solo crece a medida que su conciencia se expande.

***

Los logros vienen del desequilibrio. El Ser Consciente sabe que los logros surgen de la unión de aquello en que pone el foco, más un poco de desequilibrio. Desequilibrio es igual a crisis, y esta es lo mismo que el fin de algo viejo, e inicio de algo nuevo. Allí la mente y el Ser se expanden, aparecen más opciones y oportunidades. Luego se le debe sumar acción porque en este plano se viene a hacer para Ser. Acción consciente.

***

El Ser Consciente toma lo mejor para su camino de aquellos con los que se identifica y lo adapta para si, a partir de su autoconocimiento. El Ser Consciente no copia por copiar. El Ser Consciente escucha, observa, comprende, internaliza, experimenta, y forma el hábito.

***

El Ser Consciente conoce el dolor y el sufrimiento porque reconoce la separación, totalmente necesaria para volver a integrar sus elementos. A diferencia de otros seres, administra el dolor a su favor para sanar y crecer y asi evolucionar hacia la grandeza de su esencia.

***

El Ser Consciente sabe que toda experiencia, por más dolorosa que parezca, es preparación para el gran momento de la vida. Momentos que serán muy exigentes pero necesarios para alcanzar la meta.
Esos seres que muestran sus sombras son justamente la formación adecuada para ese gran momento. Pueden parecer situaciones importantes, pero es solo ensayo para el gran acto que vendrá y que requiere que esté listo para actuar en su mejor versión.

***

No hay ganadores o perdedores. Hay creyentes y no creyentes de su esencia y poder divino. Distintos estados conciénciales viviendo experiencias, cada uno con sus tiempos. Finalmente, todos llegaremos al mismo destino.

A mayor devoción por esa esencia universal que reside en su interior, mayor estado conciencial, más amor, paz, armonía, unidad.

***

El Ser Consciente sabe que toda pregunta será realmente respondida cuando la dirija hacia su interior. Todo le será develado de alguna manera, siempre que lo busque con interés genuino. El maestro interno nunca le fallará.

***

Elevar su conciencia es el mejor legado que puede aportarle a la humanidad. El Ser Consciente entiende que la vida es un camino hacia el propio Ser. No le importa lo que fue al nacer o en qué circunstancias nació, sino lo que hace con el tiempo que dispone. Sabe que evoluciona hacia su propio Ser, y que con su acción impacta de múltiples formas en su entorno y en el mundo.

***

El Ser Consciente tiene una mirada totalizadora, e integradora de la vida. Muy diferente a tener una mirada parcial o fragmentada. Pero ¿Cómo logró llegar al Todo si le han enseñado a fragmentar? Ha trabajado en su Ser y aplicado el factor conciencia en cada acción diaria. En la profesión, en la relación de pareja, en el sexo, en la crianza de los hijos, en las finanzas personales, en una empresa o emprendimiento, en la creación de un producto o servicio, en la salud, en la vida social, en la política, en la economía, en cada rol que asume en su vida y, especialmente, en su desarrollo personal.

Ahora, sólo pudo ver el Todo cuando se consideró de igual manera. Cuando se abordó desde su esencia más pura —su Ser— porque sólo lo similar puede ver lo similar. A partir de ese momento, su visión de la vida cambió y no hay vuelta atrás. La conciencia se expandió. Allí se forjan los cimientos que perduran en el tiempo y sustentan todo logro futuro.

***

El Ser Consciente reconoce que nuestro mundo es una gran matriz de almas que se cruzan e intercambian experiencias con el único fin de aprender y crecer. Al final, todos llegarán al mismo destino. La clave está en cómo nos comportamos durante el camino. Entenderlo puede marcar ese punto de inflexión que le permita empezar a *"hacer"* de una manera diferente —un hacer desde el Ser, un hacer con conciencia—.

***

El Ser Consciente acepta que en la nueva era de la conciencia solo es válido el deseo enfocado hacia una vida con propósito —basado en un hacer desde la conciencia—. El tener deseos elevados también debe hacerse desde la gratitud y la devoción, aceptando cualquier resultado como bueno porque detrás está la conciencia superior. El tener deseos elevados no es malo. Lo malo es apegarse a ellos y frustrarse cuando estos no se manifiestan como espera. Las cosas son tal cual suceden, no hay error. Si sufre es porque tiene expectativas por un resultado distinto. Entonces, ¿De quién es el error? El Ser Consciente asume todos sus errores.

***

Simple. Todo lo que hace el Ser Consciente en su vida debe ser simple, porque entiende que proviene de un Universo donde hay orden y está en sincronía constante con la simplicidad. El ego adora la complejidad. Es el mayor mal —o aprendizaje— que debe superar. Los miedos reflejados en creencias arraigadas, apegos, posesiones e inseguridades, hacen todo más complejo y generan los llamados *"problemas"*.

La simplicidad como filosofía de vida le brindará una vida más fácil, equilibrada y natural. Pero, como toda idea diferente, inicialmente la simplicidad es rechazada porque el ego no acepta que algunas propuestas sean tan fáciles. Pero lo bueno es que: al aplicar la simplicidad no volverá a considerar la complejidad en su vida. Termina adorando la simplicidad ya que se torna más valioso porque mejora sus habilidades, y se adapta rápido a los cambios de un mundo tan dinámico.

La simplicidad le requiere un mayor esfuerzo inicial, pero los resultados le compensarán gratamente. Una vez que se forma el hábito, ya no es esfuerzo.

***

Diferente. El Ser Consciente aumenta el logro de libertades al mismo tiempo que expande su conciencia. Y lo hace a través de la búsqueda y la indagación de la verdad.

Esa búsqueda lo lleva a poner en duda todo lo que está preestablecido en la sociedad —patrones arraigados que, quizá, ya son obsoletos, pero que, por miedo al cambio, la gran mayoría sostiene—. En realidad, el mundo es dinamismo y cambio constante, aquello que sirvió en un momento puede no servir ahora.

El Ser Consciente se abre a la idea de hacer las cosas de manera diferente, de mejorar lo que ya hace o tiene. Hacer una mejor versión de aquello que dio buen resultado tiempo atrás.

Diferente es sinónimo de innovación, creación, imaginación, creatividad, libertad.

***

Consciente. Despertar a una nueva forma de vivir revitaliza la pasión por la vida misma. El Ser Consciente acepta que la solución para las *"crisis"* o los *"problemas"* tiene una única opción: expandir la conciencia. Esto requiere trabajar su Ser interior y asumir la pertenencia y conexión a una conciencia superior que actúa a su favor.

Ser consciente significa sentir, pensar, decir y actuar desde el alma, desde el Ser. Es una acción genuina y real que lo acerca a la verdad única. Por eso, en este plano, no alcanza con solo tomar conciencia, hay que pasar a la acción. Acción consciente.

***

Positivo. Sumar valor a lo existente. El Ser Consciente sabe que su acción diaria tiene que agregar valor a la humanidad, no restar. La humanidad es su entorno, su familia, su trabajo, su ciudad, su país, el planeta, el Universo.

Si lo que hace no aporta valor entonces se pierde y no fluye, no está equilibrado con la abundancia que ofrece el Universo. ¿Cómo sabe si su acción suma y no resta? Brindando un dar elevado —en términos de energía—, y libre de ego. Para ello, la clave es servir a partir de sus dones y talentos, sumando valor, sin expectativas, sin esperar algo a cambio. Seguramente, cuando lo que hace agrega valor, el Universo lo recompensará — Ley Universal de Dar y Recibir—.

***

El Ser Consciente reconoce que el propósito de vida solo está bien definido si este lo trasciende como ser individual. En la era de la conciencia, el propósito está íntimamente asociado a dicho legado que dejará a otros seres —ya sea a un grupo minoritario como a toda la humanidad—. Esto no solo lo inspira cada mañana, sino que inspira a otros. Para ello, despersonaliza el propósito —eliminando el ego— y lo realiza desde el alma, disfrutando del proceso.

Para cumplir con el propósito dispone de medios o instrumentos. Estos influyen en el *"cómo"* lo hace. A medida que avanza en su camino, puede cambiar los instrumentos. Nunca cambia el propósito. En determinados casos, el propósito se expande a uno más elevado que contiene al original —sucede cuando la conciencia se expande—.

***

Somos seres conformados por dos aspectos: uno visible y otro invisible. Podríamos verlo como una bombilla de luz. La bombilla es la parte visible, y la electricidad que la enciende seria la parte invisible. En nosotros, la parte visible es el cuerpo, la mente y las emociones. La parte invisible sería el alma, el Ser. Y ambos aspectos integrados conforman al Ser Humano. Somos la unión de ambos polos opuestos, pero a su vez complementarios, para desarrollar nuestro propósito en esta vida.

Asi como sin la electricidad no hay luz en la bombilla, el Ser Consciente reconoce que sin el Ser no hay vida.

La parte visible tiene un tiempo finito, crece y se desarrolla, y si bien es un gran instrumento para transitar su camino, no es lo más importante. La parte invisible es eterna y es la que merece especial atención. Por esta razón, El Ser Consciente reconoce su esencia como ser espiritual y trabaja en su Ser. Lo real.

Además, la parte visible tiene un desarrollo limitado. En cambio, la parte invisible es ilimitada, es abundante como el Universo y su creador. Todo lo que percibe con los sentidos, en la parte visible, se sostiene por la parte invisible. Algo similar sucede con un iceberg o con un árbol, la parte que ve en la superficie —la parte visible— es pequeña respecto a lo que está debajo y no ve. Entonces, ¿Conviene seguir priorizando la parte visible en lugar de la invisible? El Ser Consciente no duda en su elección.

***

No es su cuerpo. El Ser Consciente asumió que habita un cuerpo que algún día morirá. Sabe que este es el principal repositorio de su alma, un gran compañero para la misión que ha venido a cumplir. Por lo tanto, debe cuidarlo porque es un instrumento para su camino, pero también entendiendo que no vive para su cuerpo.

***

No es su mente. El Ser Consciente sabe que la mente está en constante lucha interna con los sentidos y el ego. La mente es un gran aliado para su crecimiento. Un gran generador de ideas y soluciones. El problema es que, al inicio, está sin dirección. No sabe hacia dónde va, porque la arrastran los sentidos. No discierne. Pero el Ser Consciente sabe que puede cambiar eso a través del trabajo en su Ser, y a partir de la expansión de su conciencia.

***

No es lo que los demás dicen de sí. El Ser Consciente entiende el juego del ego cuando este le quiere hacer creer que es lo que otros hablan de sí.

Si hablan bien al ego le gusta, entonces, el ego lo quiere complacer haciéndolo sentir importante. En caso contrario, el ego buscará que se ofenda y que ande molesto por el mundo a causa de lo que han dicho de sí.

En cualquier caso, el Ser Consciente sabe que, si otorga importancia a lo que otros dicen, solo demostrará sus carencias. El equilibrio solo es posible si desvaloriza con la misma intensidad las críticas y los elogios.

***

No es sus logros. El Ser Consciente sabe que toda creación tiene su origen en el Universo. Es allí donde todo se crea, y luego se materializa en este plano físico que habitamos. Las enseñanzas y la creatividad bajan todo el tiempo. El Ser Consciente es simplemente un instrumento para manifestar, o materializar, dicha creación a través de sus dones y talentos.

Esto el ego no lo entiende, porque siempre quiere ser protagonista y se apega a los logros, haciéndote creer que tú lo consigues. Nada más irreal.

***

No es sus fracasos. El Ser Consciente sabe que no existen perdedores en esta escuela de aprendizaje divina. Al olvidar la necesidad de ganar, entenderá que no existen los perdedores ni los fracasos. Todo es una ilusión creada por el ego. El fracaso es, simplemente, el resultado de haber intentado algo. A su vez, todo resultado es la consecuencia de una acción que lo antecede. Los resultados son neutros. Lo que importa es la manera en que interprete ese resultado —según el desarrollo de su discernimiento—, y las nuevas acciones que realice a partir de ello. En la vida no se gana o se pierde, en la vida se aprende; y todo lo que experimente servirá para expandir su conciencia a niveles superiores.

***

No es sus posesiones. El Ser Consciente sabe que no posee nada. Ni objetos. Y menos, a otras personas. Solo es un administrador de lo que se le da. Administra relaciones, bienes materiales, profesión, tiempo, energía, emociones, cuerpo, amor, dinero, salud, inversiones, entre otros.

¿Dudas? Lo comprobarás el día que tu cuerpo muera. Nada podrás llevar contigo, salvo la experiencia vivida por aquello que has administrado. Por lo tanto, la vida se resume en: ser un muy buen administrador, y el Ser Consciente lo tiene muy bien asumido.

Cualquier otra sensación es apego. Es el mantra del ego que nunca está satisfecho y siempre quiere más. La sociedad, a través del consumo desmedido, manifiesta su miedo a creer que necesita de la acumulación de objetos y ostentación para ser feliz. Nada más lejos de la verdad que somos.

Cuando te separas de la idea del ego de tener más, te acercas a tu origen y elevas tu conciencia. Te enfocas en dar servicio, sabiendo que la abundancia del Universo fluye hacia ti. El principio más importante del minimalismo es "Menos es más". De igual manera aplica el concepto de simplicidad.

***

No es sus creencias heredadas. El Ser Consciente tiene la responsabilidad de comprenderlas para trascenderlas porque, tanto respecto de una creencia heredada de su familia como de la sociedad, no es ello. Es una ilusión que le han hecho creer y que lleva en su inconsciente.

En la mayoría de los casos, no hubo malas intenciones. Simplemente, hicieron lo mejor que pudieron y le transmitieron lo que creían que estaba bien. Entonces, podrá percibirlo cuando entiende que eso que le transmitieron no alcanza para ser feliz. Es incompleto. Falta algo. Empieza a hacerse preguntas y a poner todo en duda. Entonces, aparecen sus capacidades de discernir y manifestar una nueva realidad. Una vez asumida esa nueva creencia, la siente suya y la incorpora a su vida. El hábito se enraizó y la conciencia se expandió.

***

El Ser Consciente sabe que no se le presentarán problemas que no pueda comprender y resolver, porque fue parte de su elección, y así fue definido en su plan de regreso a este mundo físico.

Entiende que en el caso de que evada un problema, se volverá a presentar, pero de una forma más clara y, tal vez, más dolorosa. Por lo tanto, avanza en un proceso de autoindagación resolviendo las siguientes preguntas: ¿Por qué me sucede esto? ¿Para qué me sucede? ¿Qué debo aprender de esta situación? ¿Qué debo cambiar o mejorar? ¿Qué hice para que esto me suceda? ¿Qué solución espiritual requiere este *"problema"*? ¿En qué estado de conciencia este *"problema"* tiene solución?

***

¿Cuándo el Ser Consciente puede discernir entre un buen *"no"* o un buen *"sí"*? Cuando establece valores y principios que dan dirección a su vida. Una vez establecidos con convicción, son inalterables. No se negocian porque son la base de su Ser —su esencia—. Esto le permite reducir drásticamente el tiempo de las decisiones complejas. Es como un tamiz o un filtro; solo entra aquello que esté en sintonía con lo definido. Se vuelve impermeable ante el contexto externo, lleno de tantas opciones que confunden, y se enfoca en su camino y propósito. ¿Cuántos seres andan por la vida sin definir valores y principios?

***

El Ser Consciente sabe que la conciencia está por encima del sentido común. Entiende, por sentido común, que muchos actos cotidianos son malos —por ejemplo, robar, engañar, maltratar—, pero, en realidad, es su conciencia la que le dice esto. En ello tiene mucha relación el estado conciencial de cada Ser, en este aquí y ahora. Por lo tanto, considera consciente todo aquel pensamiento o acción en sintonía con su origen divino.

Entonces, ¿Qué es la conciencia? Es reconocer en sí mismo la verdadera esencia espiritual que lo ha creado. Estar presente con ella en todo momento de su hacer cotidiano. Cuando se levanta, cuando se alimenta, cuando cría a su hijo, cuando se relaciona con su pareja, cuando desarrolla su profesión, cuando administra sus finanzas, cuando lidera, todo.

***

El Ser Consciente sabe su *"por qué o para qué"* hace lo que hace. Sabe la causa que lo moviliza diariamente a la acción en este plano del hacer. El *"cómo"* llegará de la manera adecuada según el *"por qué o para qué"*, que envíe al Universo.

Mientras otros seres se enfocan en el *"qué"* mientras especulan todo tipo de alternativas y suposiciones para el *"cómo"*, el Ser Consciente no duda y se enfoca en su *"por qué o para qué"*.

***

Cuando al Ser Consciente le preguntan: *"¿Te sientes orgulloso de todo lo que has logrado cuando todos te decían que ese no era el camino?"* El Ser Consciente responde: *"No. Siento gratitud porque se me ha brindado el discernimiento necesario para escuchar a la voz interior que me guía, mi Ser. Simplemente ese ha sido eso el origen de todo lo que los sentidos pueden percibir y que otros seres denominan "logros". No puedo estar más que agradecido por haber sido instrumento de tal bendición divina que se ha manifestado a través de mí.*

Respecto a todos los que me decían que ese no era el camino: estaban en lo cierto, no puedo contradecirlos. Todos ellos ofrecieron su mejor consejo a partir de su perspectiva. No hay errores, cada uno brinda lo mejor que puede. Eso es perfección divina".

La palabra orgullo no forma parte del diccionario del Ser Consciente. Orgullo es igual a ego.

***

Saber administrar los niveles de energía y vibración es una cualidad del Ser Consciente. Vivir constantemente en altos niveles de vibración es propio de un Ser en equilibrio consigo mismo, su propósito y que está avanzando en un camino hacia la conciencia.

Para permanecer en el estado de expansión de la conciencia tiene que estar abierto a aprender todo el tiempo. Estar receptivo a sorprenderse en cada momento. Por esta razón, es tan importante que filtre la información que —en forma de energía— ingresa a su mente.

Aquel Ser que se capacita con la humildad de un discípulo tiene más posibilidades de expandir su conciencia, y evolucionar hacia su propósito. La capacitación enfocada en el desarrollo del Ser genera una curva de aprendizaje alcista, y con resultados exponenciales.

Ahora, es muy importante saber encauzar la energía. Cuando tiene un propósito, proyecto o idea, hace foco en ello y dirige allí el 100% de su energía. De lo contrario, su materialización será lenta. También es importante no confundirse con las múltiples opciones que existan para llevar a cabo la tarea. Eso suele generar parálisis de acción y atrasar su concreción. Tiene que avanzar cada día. Y ante situaciones que no sabe cómo seguir entonces pide asistencia divina y se abre receptivamente. De alguna manera se manifestará lo necesario para que la tarea continúe. Se lo imagina terminado y funcionando.

El Ser Consciente siente gratitud de que tal manifestación de creatividad se esté realizando a través de sí. Vive y disfruta todo el proceso de creación y su desarrollo. De esa manera la energía tendrá una dirección clara hacia dónde dirigirse y no se perderá.

***

Ser congruente e íntegro es propio de un Ser que ha asumido con total nobleza su camino hacia la conciencia. Ser congruente e íntegro es una de las condiciones esenciales para la transcendencia y la autorrealización.

El Ser Consciente primero trabajo en su Ser, luego potencia su Ser Humano. Porque trabajar en el Ser es moldear la base que sustenta el desarrollo del Ser Humano.

Todo logro alcanzado a través de instrumentos superficiales no perdura en el tiempo. Son endebles y faltos de sustento ante cualquier situación exigente que se presente en la vida. No alcanzará con conocer el funcionamiento del cerebro sin antes comprender y conectar con la esencia que existe detrás.

***

Los dones y talentos requieren de importantes cualidades como: la mentalidad de largo plazo, la perseverancia, y el mantenerse focalizado —al mismo tiempo que controlas la mente, calmas la ansiedad, y bajas las expectativas—. Por esta razón, el Ser Consciente trabaja en su Ser a través de instrumentos que ayudan a aquietar la mente y concentrarse. Si la mente está inquieta, se pierde el foco ante cualquier distracción —estos desafíos se le presentan para saber si su fe en el propósito es realmente sincera—. Focalizar también le permite discernir aquello que no quiere, y así liberarse de tareas u obligaciones que no estén en línea de su propósito.

La mentalidad de largo plazo es una gran cualidad, muy pocas veces tenida en cuenta. El Ser Consciente considera que su plan es de largo plazo —tres, cinco o diez años—, pero sus tareas son diarias y contribuyen a ese plan.

El concepto de perseverancia va a la par con los sueños, y el propósito. Mientras estos persistan no habrá situación que atente contra ellos. En algunos casos sentirá que persiste en un error porque nada ha resultado según lo planeado. Puede que el camino a elegir deba ser otro, sin que por ello cambie el objetivo. En estos casos, se hace pregunta con plena fe, y las suelta al Universo. Las respuestas llegarán y se expresarán de alguna forma, por lo general, en la que menos espera. A medida que su conciencia crece y se expande, afina la percepción y la intuición. Minimiza la tasa de error.

Llegará el momento en su vida en que se manifieste todo aquello para lo cual te ha preparado, y también por lo cual ha perseverado. Ahora, para perseverar en el propósito hace falta fe y valor, más aún cuando los resultados no llegan tan rápido como quisiera.

***

Habitualmente nos dicen que hay que estar motivados, tener actitud, perseverar, y demás consejos faltos de contenido y, por cierto, muy superficiales. El Ser Consciente sabe que nada de ello prevalecerá en el tiempo si no tiene una base genuina que lo sustente: el propósito de vida —totalmente conectado al Ser—. Y encontrarlo, es su primera gran tarea.

Ahora, el propósito de vida estará bien definido solo si este lo trasciende como ser individual. Si ilumina y empodera a otros seres. En la era de la conciencia, el propósito está íntimamente asociado al legado que lo trasciende y que dejará a otros seres —ya sea a un grupo minoritario como a toda la humanidad—.

Cierre

Has dado un gran avance en tu camino de conciencia y ahora se requiere que lo lleves a la acción en tu vida cotidiana. Eres un Ser Consciente que has decidido, a partir de un llamado de tu voz interior, avanzar conscientemente en tu vida. De lo contrario no hubieras leído este libro.

Ese llamado esta únicamente destinado a los valientes de la nueva era. Con total gratitud y amor asume tal responsabilidad porque esa es parte de tu misión de vida. Permanece conectado con tu esencia y todo se alineará para tu bien y para el bien de todos.

Como mencione en la introducción, todo en nuestra vida es una incesante decisión, y finalmente todo se resume en la única y verdadera decisión trascendental que deberás tomar en tu vida: ¿Vivir, o no vivir, en la conciencia? Para colaborar en tu decisión, a continuación, te presentaré esta tabla que pertenece al libro "El Factor Conciencia" y que resume los distintos pensamientos que surgen de vivir o no en la conciencia:

VIVIR ALEJADO DE LA CONCIENCIA	VIVIR EN UNIÓN CON LA CONCIENCIA
Ilusión	Discernimiento
Complejidad	Simplicidad
Hay ego	Hay trascendencia del ego
Hay apego	Hay desapego
Acepta todo como se viene haciendo	Cuestiona. Se hace preguntas. Pone en duda todo lo preestablecido
Mentalidad que tiende a contraerse	Mentalidad expansiva
Hay confort y certidumbre que limita el crecimiento	Hay incertidumbre necesaria para crecer
Hay miedo al cambio	Hay valentía y apertura a los cambios
Hay procrastinación	Hay dinamismo y avance
No hay control de las situaciones	Hay control de las situaciones
Soy un rol	Soy un Ser. Yo Soy
Prevalece el temor	Prevalece el amor
Ve el corto plazo	Ve el largo plazo

Busca recompensa inmediata	Busca trascendencia y autorrealización
Separa, Excluye	Integra, Incluye
Ve un solo lado de la moneda	Busca el tercer lado de la moneda o, en su defecto, lo crea
Hay dependencia	Hay independencia
Hay limitaciones	Hay libertad
Hay victimización	Asume la responsabilidad
Hay sufrimiento	Hay entendimiento y compasión
Hay separación	Todo está conectado entre si
Hay conocimiento intelectual	Hay percepción divina
Soy este cuerpo con un tiempo finito	Soy un alma eterna que tiene un gran instrumento a disposición: el cuerpo
Orientado al bien propio	Orientado al servicio y al bien común
Hay vacío existencial	Hay paz interior
Hay desconocimiento e ignorancia	Hay sabiduría
Tiene pensamiento lineal y diseña soluciones lineales (solo ve lo inmediato y superficial)	Tiene pensamiento sistémico y diseña soluciones integrales (analiza el Todo para entender los componentes y sus relaciones entre sí)
Aprende poco y lo que sabe es para sí mismo. Se guarda el conocimiento	Aprende, lee, analiza, experimenta y toma acción. Comparte el conocimiento porque es para la humanidad
No hay un propósito de vida	Hay un propósito de vida que lo trasciende
No tiene un plan	Tiene un plan integral
Soluciona problemas particulares con una visión fragmentada de la realidad (lo cual genera nuevos problemas a futuro)	Soluciona los problemas de raíz y con una visión totalizadora

Cuando puede, entonces ahorra para gastos	Ahorra e invierte. Sabe que el dinero es una energía que no puede estar estancada
Dice "No puedo o eso no se puede"	Se pregunta "¿Cómo puedo hacerlo?"

El Universo fue creado para que todo lo que reside en su interior evolucione constantemente. Esa es su energía, y asi tambien tu esencia. Elimina todas las debilidades que rodean a tu Ser y prepara tu campo de experimentación para vivenciar tal creación y poder divino.

Cuando lleguen los momentos de exigencia, en los que debas trascender tus capacidades, este instrumento, en forma de libro, podrá guiarte a una solución que vibre más con la respuesta que tu Ser busca. Puedes encomendar a tus guías, ángeles, o maestros ascendidos que te direccionen a la página adecuada y con ello encontrar un vislumbre que ilumine el camino para seguir avanzando. Un solo principio, leído en el momento adecuado puede ser el primer gran paso para una serie de bendiciones y manifestaciones que lleguen a tu vida de múltiples formas.

Nunca sabrás los próximos pasos, tampoco hacia dónde te llevará el destino; solo sabes que el camino que has iniciado hacia la conciencia te acercará a la verdad. Cualquiera sea el suceso que te depare el destino, hazlo sintiéndote plenamente feliz y agradecido por la experiencia.

Mi alma agradece y abraza a tu alma.
¡Sé feliz, haz el bien y vive con conciencia!

Cadena de favores

Si este libro ha sido de ayuda para ti, por favor, recomiéndalo en las redes sociales y elige, al menos, a tres personas especiales a quienes creas que puedes transmitirles estos conocimientos, y así ayudar a elevar la conciencia de la humanidad.

Este libro busca crecer a partir de la interacción con sus lectores. Deja tu opinión y testimonio a través del área de contactos de mi página web http://www.silviosantone.com/#contacto. En breve me pondré en contacto contigo para responderte.

Todo aporte que consideres valioso suma para ofrecer un mejor conocimiento a la humanidad, y expandir la conciencia universal. Muchas gracias por tu aporte y recomendación.

¡Dios te bendiga!
Gracias, gracias, gracias.

Servicios que brinda Silvio

BioNeuroCoaching®: Terapia integral de vida consciente y Sesiones de **Decodificación Emocional®**
¿Cuál es la diferencia con una terapia holística tradicional?
Silvio a integrado, en una solución única, las bondades de: las Neurociencias & PNL, el Coaching Integral de Vida & Profesional, la Terapia Integral de sus Métodos "Flor de la Vida®" y "Mapa de Vida Consciente®", la Decodificación Emocional® y Ambiental (con Feng Shui), Técnicas de Canalización y Simbología Sagrada, Reprogramación Cuántica, Epigenética y la Biología Sistémica para el Cambio Evolutivo.
Todas técnicas necesarias para obtener un Diagnóstico global, completo y dar con las creencias y los programas inconscientes que frenan el potencial del consultante. Luego formulamos un Tratamiento y Plan de Acción integral para liberarlos y transformarlos. Con cada etapa se emitirá un informe con acciones concretas y se brindará acompañamiento.
www.SilvioSantone.com/BioNeuroCoaching
www.SilvioSantone.com/DecodificacionEmocional

Cursos presenciales, online, programas intensivos y video cursos
Prepárate para innovar, crear, trascender, ... y expandir tu Ser.
www.SilvioSantone.com/cursos/

Tienda con Pack's promocionales en libros, cursos y coaching
www.SilvioSantone.com/tienda/

Training & consultoría empresarial para Lideres y Empresas
Orientado a Líderes y Organizaciones. Transformando empresas desde adentro hacia afuera. **BioNeuroAssessment®** Estudio integral del ADN Empresarial y su impacto en los procesos de la Compañía. **BioNeuroManagement®** Coaching Ejecutivo para Directores, Lideres y Equipos de Trabajo
www.ADNEmpresarial.biz/index/

Calendario de los próximos eventos de Silvio
Programas intensivos, Cursos online y presenciales, Conferencias y eventos internacionales.
www.SilvioSantone.com/eventos/

¿POR QUÉ ELEGIR A SILVIO?

SIMPLE

Ama la simplicidad. Por ese motivo, sus conferencias y seminarios son fáciles de entender, prácticos y muy valiosos. Considera soluciones simples y efectivas, necesarias para lograr lo que deseas.

INTEGRAL

Su amplísimo conocimiento y compresión, sumado a sus conceptos innovadores y su visión integral, nos permiten descubrir el tercer lado de la moneda. Lo que nos da una perspectiva diferente de lo habitual.

CONSCIENTE

Te guiará hacia tu conciencia para que puedas expandirla. Verás como toda acción que realices puede ser mejorada a partir de tu Ser y, así, generar prosperidad y abundancia para tu vida y tu entorno.

SUMAR VALOR

Sumarás valor a lo existente. Trascenderás todo lo preestablecido como norma en cada ámbito de tu vida y contarás con herramientas de altísimo poder vibracional para afrontar las situaciones complejas que se te presenten en lo cotidiano.

PRAGMÁTICO

Enseña a partir de todo lo aprendido y experimentado desde su vida personal. Es canalizador y un gran investigador sobre todos los temas relacionados a la expansión del Ser. Es muy pragmático y sus cursos tratan temas muy complejos de forma simple de manera que cualquier persona los pueda entender y aplicar en su vida cotidiana.

EXPERIENCIA

Es Máster Coach de Vida, Organizacional & Liderazgo Ejecutivo, Consultor experto en inteligencia empresarial y procesos de negocios. Además, por más de una década trabaja en su desarrollo personal, espiritual, y autoconocimiento, lo que le ha permitido integrar ambas experiencias en métodos innovadores: **BioNeuroAssessment®**, **BioNeuroManagement®**, **BioNeuroCoaching®** y **Decodificación Emocional®**.

Otros libros de Silvio

Próximamente disponibles en la página www.SilvioSantone.com/libros/

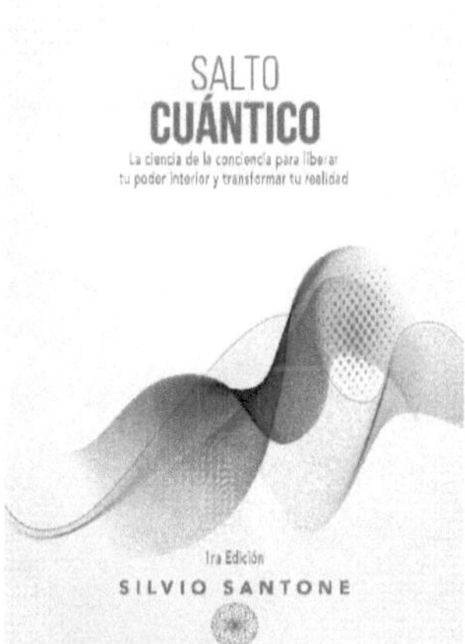

9 789878 660394